実録 高校生事件ファイル

和田慎市
Wada Shinichi

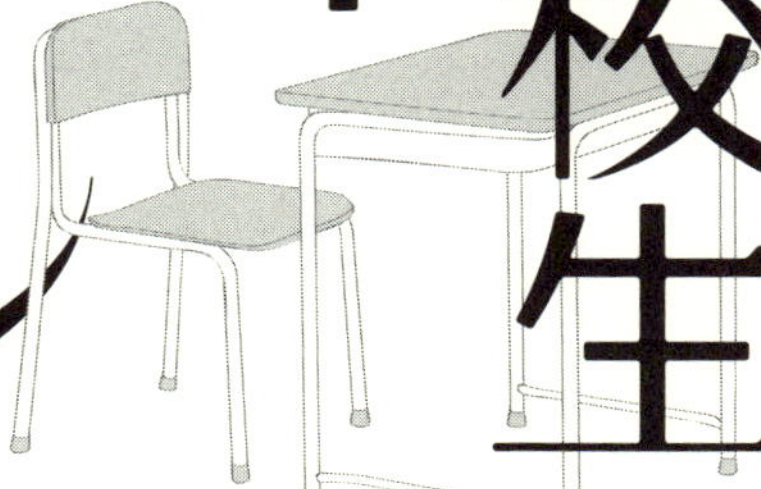

共栄書房

実録・高校生事件ファイル◆目次

はじめに

「先生、こちらへどうぞ」

案内された部屋に入り、私は思わず息を飲んだ。窓が一つもないひじょうに圧迫感のある部屋だった。

「すみませんね、部屋が空いてないものですから」

と申し訳なさそうに警察署の生活安全課職員が案内してくれた部屋は、じつは被疑者用の取調室だったのだ。

その数日前、各新聞で当時の勤務校の女子生徒が関与した援助交際がらみの恐喝事件が大きく報道され、公の知るところとなってしまった。しかもある新聞社の記事は、その文面から高校名が特定される恐れがあったため、私はすぐ校長の了解を得てその新聞社に厳重に抗議した。街中など学校管理下外で起こった事件は、一般的に学校や教師の責任とは決め付けられないことが多い。しかし学校が特定されてしまえば、生徒・保護者・教員は世間から一斉に非難の目にさらされることになる。私は新聞社の報道部長から電話での謝罪は受けたのだが、学校のダメージを考えると許し難いことであった。さらに面倒なことには事件の加害者と被害者は同級生であり、被害生徒とその保護者が警察へ被害届を出したため事件が明るみに出たわけだが、我々は結果的に独自の調査や指導ができず、生徒の人権に配慮しながら警察にも協力しなければならないという難しい対応を迫られた。当時生徒課長であった私は、そんな状況下で事件の情報交換に警察署を訪れたのである。捜査は慎重に進められたが、結局恐喝・傷害容疑が固まったため、加害生徒は起訴され鑑別所送致後、保護観察処分となった。

これは私が生徒指導に携わっていた十数年の間に起こった一〇〇〇件にも及ぶ事件の一例であるが、振り返るとこの時期は半ば警察のような仕事をしていた。拙著のタイトルに「事件ファイル」とあるのは、教育現場とは無縁のような犯罪が多発する別世界に足を踏み入れてしまったからであり、この体験談は事件解決に奔走した私と同僚達の戦いの記録ともいえる。

もちろんこんな大事件が毎日のように発生したわけではないが、殺人・傷害・恐喝・集団暴走・薬物乱用など、ありとあらゆる事件を体験した。ある勤務校では突発的な事件に対応するために、私は校長から自由に外出が許され、警察署訪問は定期的な任務となった。当時年間一〇〇件以上の問題行動もさほど珍しいことではなく、生徒が入れ替わり立ち替わり問題を起こし、謹慎指導が数ヶ月間一日も途切れず続いた年度もあった。またそれに呼応するように問題行動絡みの退学者数も増加した。もちろん高校は地域・学校間での格差が顕著であり、全退学者のうち退学理由が問題行動であったケースは一握りだけなので、人数を単純に比較しただけでは実態はつかめないが、全校退学者数が年間九〇名を上回った年もあった。

何の自慢にもならないが、私がこの一〇余年の間に押印した退学届は優に七〇〇〇枚を超えており、おそらく県内でも突出しているだろう。「たくさん生徒を退学させる教師（学校）は教育者として失格ではないか？」というお叱りは覚悟している。しかし、教育現場ではいくら根気よく指導しても、ほとんど教育効果が見られない生徒がどうしても一部には存在する。そして彼らの影響を受けやすい予備軍が多い学校は、一般生徒や教職員の安全を守るため、更生の見込みがない生徒を退学させるしかないほど追いつめられているのである。

現役教師である私がなぜ内輪の恥をさらすようなことを公にするのか、それは事件での恨みを晴らしたいとか、問題生徒をさらし者にしたいからではない。もちろん自分の稀有であろう体験自体を知ってほしいこともあるが、数え切れないほど多くの事件を、運にも恵まれ一つひとつ解決していく度に（もちろん未解決もあった）、仕事への自信が深まっただけでなく、危機を乗り越えられた達成感・充実感が、私自身の生き方をプラスに変えてくれたからである。この人生の目標まで明確にしてくれた成功体験を、現在も様々な苦難に遭遇している人々に伝えていくことで、少しでも生きる希望や勇気を与えたい。

さらには、この体験を通して湧き上がった現在の教育への疑念・不安を、日本の将来への危機信号として発し続けることが、教育現場最前線で戦ってきた私の役目であり、生き方だとも思えたからである。

ところでこの疑念の一つに近年有識者や著名人の方などが、子供をひとくくりに「善・被害者」と捉えるような論調がある。仮に子供が皆良い子であり、いつでも自力で反省・軌道修正できるのなら、大人は単に知識を身につけさせるだけでよく、わざわざ学校での集団生活を通して社会性や礼儀を教える必要性もなくなる。だが実際子供は悪い要素も合わせ持った未完成な生き物である。それまでの学校教育・家庭教育で適切な判断力や言動、豊かな教養を身につけさせてきたはずであるのに現実はそうなっていない。

この矛盾が生ずるのは、私達が無意識のうちに自分の出身校や我が子の通学校を比較基準にしているからではないか。有識者やマスコミ関係者などは学業優秀で規範意識も高く、問題行動が少ない進学校出身者が多いので、その対極に感情や言動のセルフコントロールができず、腕力・怖さなど見かけの力関係でしか相手を計れない生徒の多い高校が存在することを実感できないのだろうか。そのため教育困難校（入試・偏差値ランクで最底辺に位置づけられる高校）の詳細な実態が、市民レベルではなかなか周知されないのかもしれない。

今まで公立学校教員（公務員）は、その職務上の制約もあり、自分の業績や成果を積極的に公開するようなことはなかった。しかしこのまま口を閉ざしていれば、多くの国民がいつまでも「教育の国家的価値」に気づかず、教育現場で生徒や学校のため身を粉にして働き続ける先生達が報われない。おそらく全国には私のような体験、いやそれ以上に凄まじい体験をしている教師はまだたくさんいるはずである。

そこで私は、現場の先生方の代弁者として、あえて生意気・自慢話・自信過剰といった批判をおそれず、自分が体験した事件を脚色なく取り上げ、身体を張って解決や指導にあたった教師達の姿など、生の教育現場をリアルに伝えようと思った。ただし個人情報保護の観点から、人物（特に問題行動生徒）が特定される固有名詞や表現は一切控えた。

この本で取り上げた内容はすべて事実である。極めて特異な事件もあるが、現役高校生などが私達の身の周りで実際に起こしたものである。私は一人でも多くの方に、ぜひこの本を通して教育現場の実態を知ってもらうとともに、不運にも事件に遭遇してしまった時などは、解決手段の参考にしていただければありがたい。

そして、危機意識と勇気・ヤル気に目覚めた皆さんと共に残りの人生を賭けて、日本の将来のため社会・教育問題を解決する糸口を見出したい。今まで全国で少年少女の凶悪事件が発生すると、主に有識者やマスコミなどから、その責任の所在をめぐり、学校や教師はもちろん場合によっては保護者も、批判や追及を受けることが多かった。もちろん学校の危機管理が甘かったり、倫理観や指導力に極めて問題がある教師が一部にいたりするのは事実だが、多くの教師は常識的で真面目であり、単純に教師・学校教育だけの問題だとは言い切れない。

私は同胞意識から身内を守るための弁解をしているわけではない。現在マスメディア等で頻繁に見られる、特定の人間をターゲットにした感情論的な責任追及や元凶捜しから導かれる結論が、一時的な自己満足や気休めにすぎず、社会・教育問題の根本的な解決にはつながらないと思えるのである。私たちは教育力低下・治安悪化に憤り犯人捜しに奔走するのではなく、各々の立場で自己の責任を自覚し、全国民が協力して問題解決にあたる覚悟が必要なのではないだろうか。

この私の特異な体験が、少しでも皆さんの危機意識を高められたり、数々の試練を乗り越えるための一助にでもなったりすれば幸いである。

第1章　事件ファイル　―高校生編―

私には人生を大きく変えるターニングポイントが今までに三度あった。

一つ目はよく〝人生の転機〟と言われる結婚である。独身時代は無意識のうちに「生徒に嫌われたくない」という気持ちが雰囲気や態度に現れていたようで、私は特に女子生徒に対して甘かったらしい。しかし、結婚して生活が安定し、気持ちにも余裕が出てくると、妻だけは味方になってくれるという安心感からか、女子への厳しい指導ができるようになった。おそらく生徒指導がやっと人並みにできるようになったのがこの頃だと思う。その後、最もハードワークだった超教育困難校での生徒課長時代に、妻の支えが大きかったことは、後ほど述べる。

二つ目は三三歳の時、運動部の正顧問を任され、約七〇名という大所帯の部活をほとんど一人で面倒見るようになったことである。この時は担任、生徒会顧問、代議委員会担当、部正顧問等、校務を幾つも掛け持ちして毎日忙しく飛び回っていた。今でもよく覚えているのだが、ある年の夏休み、確か八月一八日（日）の朝に私が、

「今日は学校（部活動）休みだぞ」

と言ったら、

「えっ、本当？　じゃあ夏休み初めての休日だね」

と妻が一瞬驚いて答えた。私はそれを聞いて初めて、夏休みにまだ一日も休んでいないことに気づいたくらい、忙しい生活が当たり前になっていたのだ。

この時期が物理的には一番忙しかったのだが、当時仕事の負担や苦痛を感じたことはほとん

どなかった。部の全国大会出場を目指すとともに、生徒の進路目標を達成させることにやりがいを感じ、無我夢中で取り組めたからである。私は部活動を通して生徒のメンタル面を鍛えることの大切さを学ぶとともに、一人だけでも統率できたことで、指導にも自信が持てるようになった。

最後の三つ目は、定時制も含めた複数の超教育困難校に勤務した経験であり、私のライフスタイルを最も大きく変えた要因である。中でも最初の教育困難校で学年主任や生徒課長の職を任されながらも、何とか無事に職務を全うできたことは人生における大きな財産となっている。幸運なことに、私はどの学校でも人や環境に恵まれていたため、当時は危険を伴う激務への不安よりも、使命感や管理職・同僚が信頼し支えてくれた安心感のほうがはるかに大きかった。

私は本来持っていたはずの優しさを仕事上封印し、生徒に対して鬼のように厳しい生徒課（学年）のボスとして接した。最初は気負いすぎたり、かなり無理をして演技したりしたことから、何度か空回りすることもあったが、周りの先生方にも助けられて数え切れないほどの危機・難題を乗り越えることができた。おかげで事件を一つひとつ解決するたびに、生徒指導のテクニックや駆け引きが身体に沁み込み、職務への自信も深められていった。

十数年間多種多様な事件に遭遇したが、この事件ファイルでは学校を根底から揺るがすほどの、あるいは私が教師生命を賭けるほどの衝撃的な事件を中心に紹介していく。

最初は高校生自身が起こした事件である。

1 凶悪事件発生！

まずは発生頻度こそ低いが、一旦明るみに出たらマスコミ報道されてしまうような凶悪事件である。幸いにも今まで勤務校で記者会見を開くことはなかったが、際どいケースは何度かあった。そんな校外で起こった事件を中心に紹介しよう。

ファイルNo.1 援助交際がらみの恐喝事件報道

月曜日の朝、被害女子生徒の父親からクラス担任に電話が入った。

「娘が同級の女子生徒（A子とする）と中退した後輩女子の二人から、援助交際をドタキャンした腹いせに殴る蹴るの暴行を受け怪我をした。また、わびとして二度にわたって現金を恐喝されて渡したが、二度目のリンチで怖くなり、昨日、本人が交番に被害届を出した」

私は直後にあわてて駆け込んできた担任からの報告で事件を知ったのだが、さすがに事の大きさに背筋が寒くなった。しかし目の前にいる被害生徒救済のため、腕をこまねいているわけにはいかない。すぐに学年主任を呼び、加害の疑いのあるA子を事情聴取するように指示した。凶悪な事件だったため、途中から私も事情聴取に加わったのだが、その最中に警察署生活安全課から学校に電話が入った。

「今被害生徒から事情を聞いているので、学校では容疑生徒に対し、取り調べ等勝手に動かないでほしい」

という捜査への協力・連携の依頼であったが、私は、

「学校にも保護者から訴えがあったので、すでに生徒の事情聴取を開始しており、そう簡単に止められない」

と学校の置かれている難しい立場を説明した。しかし凶悪な事件であり、警察が正式かつ大々的に捜査を開始した以上、残念ながら学校は捜査の成り行きを見守るしかないことはわかっていた。従って私は警察に対して、事情聴取は概ね本人の話したことを聞くだけにとどめ、以後事件調査には関わらず、職務上知りえた情報も漏らさないことを約束した。ただ保護者への対応が後手に回らないように、捜査の進捗状況や今後の見通し等の情報は、可能な範囲内で教えてくれるようにお願いした。

こうして耳を疑うようなすさまじい恐喝傷害事件は、主に警察の調べで次第に明らかになっていった。被害生徒は、援助交際を断った日に二万四〇〇〇円、翌日に二万円恐喝され、さらに二万五〇〇〇円を要求されていた。またドタキャンの日に、場所を変えて二人から殴る蹴るの執拗なリンチを二度も受けたばかりか、次の日も同じ二人から呼び出され、空き地で同様のリンチを受け、さらに援助交際相手への電話まで強要されていた。彼女は交際相手に電話をか

けるふりをした後、「落ち合う場所に行く」と嘘を言って加害生徒達から逃れ、その足で警察に駆け込んだのである。

捜査は背後の犯罪組織の存在も視野に入れながら、慎重に行われた。また二人とも勤務校の生徒だったため、我々も子供を守るためにぶつかり合う保護者の対応に苦慮したが、警察の捜査を見守りながら、明らかになった事実に関してだけ、それとなく保護者に伝えていくことにした。特にA子の父親に対しては、あせらず慎重に話を進めるよう大変気をつかった。

当時を振り返ると、もし私の一挙一動に僅かでもミスがあれば、保護者同士の関係をこじらせたり、学校への不信感が高まったりするような一触即発の状況にあり、実際に批判の矛先が学校へ向けられてしまえば、私の責任程度ではすまなかっただろう。そんな状況から、父親が娘を信じる気持ちには親身になって耳を傾けながらも、すでに認めている暴力・恐喝の罪だけでも極めて重く、A子が厳しい状況におかれていることをきちんと伝えるとともに、今後の対応についてできる限り丁寧にアドバイスをした。

その後警察から、「犯罪組織の実体までは明らかになっていないが、A子の恐喝・暴行致傷容疑がほぼ固まった」という新たな情報が入ったので、私からA子の保護者に対し、

「残念ながら娘さんの容疑がほぼ固まり、起訴される可能性が高そうです。そうなった場合、本人にはかわいそうですが、学校としても厳しい対応をせざるを得ません」

と伝えたところ、新聞発表の直前に保護者了承のうえ、A子は自主退学した。

しばらくして私は彼女から手紙を受け取った。そこには事件への深い反省・後悔と共に、家族へのやさしい気遣いが丁寧に書かれていた。確かに彼女の犯した罪は極めて大きいものであったが、更生の可能性は十分にあることがうかがわれた。実際にその後立ち直って元気に働いているらしきことを伝え聞き、多少安堵したことを覚えている。

ファイルNo.2　薬物汚染の衝撃

薬物乱用については、幸いにも今まで自分の勤務校での事件がマスコミ報道されることはなかったのだが、一歩間違えれば学校崩壊を招くような際どいケースは幾つかあった。デリケートな内容だけに、ここでは概要説明に留めさせていただく。

私が学年主任をしていた当該学年の女子生徒が、大胆にも授業中に複数回シンナーを吸引していたことが明るみに出て、自主退学することになった。ところが彼女には、危険視されるような少年がバックについており、校内で対立していた番長格の女子生徒、シンナー吸引をやめさせようとしたリーダー格の男子生徒への仕返しが心配された。

そこで当時の生徒課長が、不測の事態（関係生徒への下校時襲撃など）への対処として、すぐに警察へ連絡を取り自宅周辺の警護等の協力をお願いした。さらに私は課長とともに、ターゲットとなっている生徒の家庭訪問を行い、保護者に切迫した状況を説明するとともに、いざという時の対処法をアドバイスした。しばらく緊張の日々が続いたが、幸いにも少年たちの動きは見られず、何とか事なきを得てホッとしたことをよく覚えている。

他にも、シンナー吸引がやめられない女子生徒が、養護教諭・学年主任にその悩みを打ち明けたため発覚し、医療機関への相談を勧めたケースや、半ば中毒化した男子生徒が工場に不法侵入してシンナー缶を盗み、家裁送りになったケース等があった。これらの事件が明るみに出れば、その発生状況からしてニュース報道などの格好の話題になったかもしれず、学校関係者からすれば運がよかったということだろう。

ファイルNo.3　集団リンチの加害者と被害者

ある時勤務校に外部の成人女性から、

「おたくの学校の○○が、うちの息子を夜中に公園へ呼び出し、集団で暴力を振るい大怪我をさせた。すでに警察へ連絡し、被害届も出してあるが許せない！　学校でも厳しく指導してほしい」

という きついお叱りの電話が入った。早速本人（B男とする）を呼び出して確認したところ、事実に間違いないことがわかったので、すぐに管轄の警察署に連絡を取り、事件の詳細を確認した。

警察情報によると事件の経緯は次の通りである。首謀者である他校の生徒と有職少年三名は、一歳下の有職・無職少年後輩四名を、日頃から生意気に思っていた。そんな時彼らに頼んでいたパーティー券販売がたまたま不振だったため、それを理由に焼きを入れようと、謀って深夜公園に呼び出すことにしたのだ。同時に彼らは加勢してもらうため、B男も含めた中学の同級生達を公園に呼び集め、加害者側は合計九名となった。

B男は首謀少年達と落ち合った後、頼まれて被害者の一人に呼出電話をかけたのだが、計画的な集団リンチについては全く知らなかった。事実彼は被害少年達が到着する前、首謀者から頼まれたジュースを買うために一旦その場を離れたのだが、約一五分後公園に戻った時、すでに凄惨な集団リンチは始まっていた。ビックリしたB男は金縛りにでもあったかのように、呆然とその場に立ち尽くしたのである。

さて事件が明るみに出たきっかけは、一旦リンチが終わった時、被害者の一人が隙を見て誰にも気つかれずにその場から逃げ出し、警察へ通報したからだ。午前〇時過ぎ、リンチ現場に被害者の仲間らしい二台の原付バイク（一台は盗難車）がやってきたのだが、それを加害者の一人があわてて勘違いして、「警察だー」と叫んでしまった。それに呼応して加害少年達が現場から一目散に逃走し、遅れて被害少年三名も逃げた。加害者グループは三つに分かれ、近くのマンションの陰などに隠れていたが、約三〇分後恐る恐る公園に様子を見に行ったところ、パトカーが何台も集まっていたので、再び全員で近くの小学校に逃げた。そこでしばらく今後の対策を話し合ったが、特に妙案があるわけでもなく、午前二時過ぎに各自帰宅したということである。

この事件でリンチを受けたのは三名であり、最も被害の大きかった少年は全身打撲で全治二週間の怪我を負った。しかし、被害者側もこのまま黙っているような人達ではなかった。特に最も被害が大きかった少年の保護者や、先輩によるその後の加害者側への仕打ちは強烈だった。一夜明けた朝、被害者の親分格の青年が、血相を変えて加害少年の家に乗り込んできた。

「うちの舎弟をやったやつは誰だ！　許さねえ、関係者を全員集めろ！」

彼は少年を脅して、連絡のとれたB男ら加害者六人をその家に集めさせた。そこで青年は腹いせに加害少年達の何人かを殴ったり、ジュースの缶をぶつけたりしたらしい。一五分くらい後には、B男の親たちも呼び出されて四人が集まった。しかしそのやりとりがあまりにも目立ちすぎたため近所の住民が警察に通報したのか、この青年と被害者の保護者が直接警察に連絡したのかは定かではないが、午前九時頃にはこの家にパトカーと護送車が計五台も到着し、物々しい雰囲気となった。加害少年達は警察署へ連れて行かれ、午前一一時には彼らの保護者も警察に呼び出された。

これだけの大騒ぎになりながら、幸いにも映像メディアに察知・報道される事態にはならなかったのだが、被害者側にも触れられたくない古い傷があって、事を荒立てたくなかったのかもしれない。

その後加害少年の親達は一堂に会して今後の対策を話し合い、被害者の家に親子共々謝罪に出かけた。各家庭の対応は様々だったが、特に私の勤務校に電話をかけてきた保護者は、子供の怪我が一番重かったこともあって感情的になり、加害者全員に対して明確に治療費と慰謝料を要求した。

ワル集団の下っ端で、人に利用されやすいタイプのB男は、直接リンチに加担したわけではなく、ただ呼出と見張り役を果たしただけだったが、被害者側からはリンチを計画・実行した首謀者とほぼ同等の扱いで損害賠償を請求された。厳しいようだがB男は警察からも、刑法上、一連の集団暴力傷害行為の役割を担ったと判断されたから、被害家庭からの要求もやむを得ないところだった。その後加害者側と被害者側の交渉はこう着状態となり、B男の保護者は損害賠償の対応に困り果てて私の所に相談にやって来た。いくら加害者とはいえB男は本校の生徒であり、逆に恐喝・ゆすりの被害を受ける危険もあったので、私は警察からもアドバイスを受けながら、次のポイントを母親に伝えた。

①実際にかかった治療費と常識的な範囲内の慰謝料の支払いはやむをえないこと。

②各家庭がバラバラだと、弱い所から突き崩され金額等を吊り上げられるため、交渉は一緒に行うこと。困った場合には全家庭がまとまり弁護士を依頼すること。

③金銭絡みで脅されたりするような場合は、恐喝等の犯罪に当たる可能性もあるので、遠慮なく警察に相談すること。

結局最終的には何とか大事にはならず、数十万円の単位で損害賠償はすんだらしい。B男にとっては、首謀者やリンチの実行者ではないのに、集団暴行傷害罪として中心人物とほぼ同等の大きな賠償を負担させられたことは、後々の人生の良い教訓になったのではないだろうか。

彼は日頃の学校生活でもちょこちょこ悪さをしたり、軽率な行動をとったりして教師にしばしば注意されたが、反社会的なタイプではなく、なぜか憎めない人間だった。当然我々も相当厳しい謹慎指導を行ったが同情すべき点もあり、何とか卒業まで引っ張って面倒をみた。

ファイルNo.4　焼肉レストランでの傍若無人ぶり

こういう犯人摘発方法を芋づる式というのだろう。

事の発端はたまたま勤務校の教員が日曜日に焼肉レストラン駐車場内で、バイクを乗り回していた勤務校生徒（C男とする）を発見したことだったが、まさかその時には六校二二名の中高校生が関与した集団飲酒・喫煙、バイク窃盗、無免許・飲酒運転という大事件にまで発展するとは夢にも思わなかった。それは高校一年生を中心に中学生まで加わり、集団で白昼堂々不法行為を行うという、まさに大人や社会をなめきった事件だった。

翌日、第一発見者の教員から連絡を受け、生徒課職員が早速該当のC男の事情聴取を始めたが、いくら追及しても、

「そこには行っていないし、バイクにも乗っていない」
と言い張り事実を認めようとしない。このまま長引けば長引くほど彼はますます意固地になり貝のように口をつぐんでしまい、真実は明らかにされないまま事件は永久に闇に葬り去られてしまう。そうなれば逃げ延びたワルたちは学校生活でますます幅を利かせることになり、生徒指導の負担も増すだろう。そこで私が自ら乗り出すことになったのだが、事情聴取の前に念のため、発見した先生に見間違えの可能性はないか再度確認した。すると、
「私の授業を一番前の席で受けているのだ。絶対に見間違えるはずはないよ」
ときっぱり言い切ってくれたので、私はそのまま意気揚々と取調室に乗り込んだ。以下はそのやり取りの再現である。
私「おいC男、時間の無駄になるから早く正直に話せ！　○月×日△時、□□焼肉レストランの駐車場でバイクを乗り回していただろう？」
C男「えっ、何のことですか？　僕はバイクなんか乗り回していません」
私（正面からC男の間近まで歩み寄り、眉間にしわを寄せて上から見下すように睨みつけ、指をさしながら部屋中響き渡るでかい声で）「お前だっ!!」
C男「は、はいっ、僕です。のっ、乗りました」
私「最初から正直に言えよ」
C男「す、すみませんでした」

この後当然ながら事情聴取はスムーズに進んだ。私に限らず教育困難校のベテラン生徒課職員は、長年の経験やテクニックを生かし、場の雰囲気・タイミングを的確に捉え、一言で白状させることもできるので、〝取調べのプロ〟とも言われる。

しかし、プロ集団なるがゆえなのか、生徒が単純すぎるのか、調べれば調べるほど次々と新たな事実が判明したのだった。結局C男のバイク乗り回し事件は、大事件の氷山の一角にすぎなかった。

本当の事の始まりは、実にふざけた話であるが、別の男子生徒が校内で同級生に暴力を振るったため、謹慎を食らったことへの〝突入祝い〟と称して、この焼肉レストランへ総勢二二名が集合したことだった。番長格の彼にはハクが付いたということらしい。一般客もいる日曜日のレストランで、数名は制服姿の高校生・中学生の未成年集団が、白昼堂々と酒盛りや喫煙をしている姿はまことにおぞましく、規範意識の欠片すら見られない。

実はこの時駐車場で乗り回していた原付バイクは、全員が集合する少し前に、メンバーの中学生が駅の駐車場奥から配線を直結し盗んできたものだった。行動を共にしていた我が勤務校生徒の一人は、すでに中学生の家で多量の酒を飲んでいたにもかかわらずバイクの後ろに中学生を乗せ、なんと酔っぱらい運転で焼肉レストランまでやってきたのだ。約二キロもの道のりをよく捕まらなかったものである。その後連中はレストランで酒が入った勢いもあってか、バイクに乗りたい者が駐車場に出て、次々に交代しながら無免許・飲酒・二人乗り運転を繰り返したのである。その最中C男が乗り回していたところを、たまたま勤務校の教員が発見したというわけだ。

もし、取調べの段階でC男を自白させられなかったら、我々はこんな大事件があったことさえ気づかなかったのだ。そうなれば何のお咎めもなかったワル十数名が学校内外を問わず幅を利かせ、学校は窮地に立たされたかもしれず、考えただけでもぞっとする。

発覚してからの措置も、人数が人数だけに大変だった。各中・高校との証言証拠のすりあわせ、焼肉レストランの現場確認、警察への連絡、指導原案の作成、関係生徒の保護者への連絡・引渡しと、その日は休む暇もなく次々と事後処理に追われた。最後に私が盗んだバイクの保管場所である近隣マンション駐車場に行き、現物確認を済ませ帰宅したのは翌日の午前一時頃だったと思う。他の生徒課職員も似たようなものだった。

この異常な状況が明らかになるにつれ、我々は関係生徒への許しがたい怒りがこみ上げてきた。しかしそれと同時にこの焼肉店は、制服の者までいる集団が中高校生とすぐわかったはずなのに、なぜ喫煙を注意しなかったばかりか酒まで提供したのか、どうしても納得できなかった。

翌日私はその店へ乗り込み、まず店長に生徒の違法行為を謝罪した後、中高校生の喫煙黙認とアルコールの提供について、店側の対応のまずさを厳重に抗議した。本来なら「未成年へのアルコール提供と飲酒喫煙場所提供」は、れっきとした法律違反であり、かなり重い罪にあたる。しかし、店長がきちんと謝罪してくれたこともあるが、店を告発した場合に、事件の大きさから新聞沙汰になる可能性が高く、公になると学校が特定され、他の一般生徒や保護者に悪影響を及ぼす事態が憂慮されたため、私はその場で収めることにした。ただ今後同様な場面に遭遇した時には、①注意してやめさせること、②生徒が反抗的な態度をとった場合には遠慮なく学校又は警察に通報することをお願いした。その約束を破り再度飲酒喫煙を黙認した場合には、学校は直ちに警察へ通報することを店長に明言し、私は店を後にした。

実はこの事件で謹慎以上（喫煙・飲酒・バイク窃盗・バイク運転のどれか一つ以上に関与）の指導を受けた勤務校の生徒は一五名いたが、その中で卒業までたどり着けたのはたった五名である。他の一〇名は再び暴力、喫煙、恐喝などの問題行動を起こしたか、怠業、長欠などの理由で学校を去っていった。この勤務校教師集団の指導力は、生徒の掌握や抑え、更生指導など、どれをとっても高いレベルであるにもかかわらず、歯止めがかけられないのだ。残念ながらこれが超教育困難校の厳しい現実なのである。

2　ねずみ講的パーティー券売買

読者の皆さんは中高校生のパーティー券売買についてご存じだろうか？　流行には波があり、地区によってはほとんど行われていないので知らない方も多いだろう。パーティー券を売買して何か悪いことでもあるのかと思われるだろうが、実はこの売買はネズミ講的な性格を持っていて、実際に金が動き始めると、雪ダルマ式に被害者が増えてしまう厄介な大事件に発展することが多い。

ファイルNo.5　パーティー券、加害者のケース

ある時隣接する高校の教頭と生徒課長が、アポもなくあわてた様子で来校し、次のような話を切り出した。

「本校のおとなしい男子生徒が同級生から『パーティー券を買え！』としつこく迫られ、困って担任に相談したため事件が発覚した。生徒課で脅した生徒を調べたところ、実は彼の知り合いであるこちらの生徒（D男とする）から、パーティー券売上金のノルマを押しつけられていたらしい。納期が迫るのに売上金が足りないことから、焦っておとなしい同級生に売りつけようとしたのだが、その事実確認のため調査依頼に来た」

他校生がらみの事件なので、まず事実関係をきちんと押さえ慎重に対処する必要があり、私が直接D男を調べることにした。しかし、事情聴取の最初から、「俺じゃねぇーよ！」と声を荒げて睨んでくるという、なかなかの生徒であった。その様子から確かに力関係では隣接高校生徒よりかなり上だという感触を得たが、この時の表情・態度を見て、私は直感で彼を〝ク

ロ〟と推察した。なぜかといえば経験上、問題を起こした生徒は核心をつかれた時ほど、動揺をカモフラージュするために開き直ったり、俗に言うキレたふりをしたりするのをこれまで多々目の当たりにしていたからである。ただこの時点では証拠・証言が極めて少なかったため、私は自白させるのにかなり時間がかかると判断し、隣接高校と協力しながら焦らず粘り強く調査を続けることにした。

ところが調査が進むにつれ、このパーティー券売買は、ネズミ講のようにとんでもなく根が深い事件であることがわかってきた。最初はD男がパーティー券販売の中心人物と思っていたのだが、大きな間違いだった。彼の上に他校の外国籍生徒がいて、その上には暴力団とつながりを持つような有職・無職の若者の影がちらついていた。

まさに食物連鎖のような弱肉強食のピラミッド型支配関係ができているのだ。いったい首謀者は誰なのか？　さすがに学校の調査では限界があった。そこで少なくとも関係高校間での事実関係だけはしっかり把握し、足並みをそろえて指導しようということになった。

しかし、D男の物的証拠はなかなか見つからず、私は焦り始めていた。もし状況証拠だけに頼って強引に自主退学等の厳しい指導を行えば、相手方が罪を認めず裁判に訴えた時負ける可能性がある。そうなったら、私がどう責任を取ろうとも（辞職であっても）問題は収まらず、校長や県の責任問題にまで発展し、私は一生後悔し続けることになるだろう。そんな読みから忍耐強く証拠集めを続け、勝負のときを待つことにした。

一週間ほどかかっただろうか、ついに私は複数の重要証言などから、D男が〝クロ〟という確証をつかみ、一気に勝負に出た。事情聴取の部屋に入るとD男の至近距離まで歩み寄り、真正面から向き合い意識的に声のトーンを下げ、落ち着き払った口調で事件について淡々と説明した。

「調査結果がまとまった。……というわけで君の恐喝の事実は疑いようがない。そこで君への指導措置だが……」

そこまで言って私はD男の顔を凝視した。すると、かすかだが身体が震え、生唾をごくりと飲み込む様子までわかった。この瞬間私はあらためてD男は恐喝実行者に間違いないと確信した。話を続け、学校としては進路変更を勧める可能性が高いことを告げると、彼は諦めたようにうなだれ事実の否定や反発は一切しなかった。彼は過去にも問題行動を起こしており、厳しい指導を受けていた。その舌の根も乾かぬうちにまた大きな問題行動を起こしたことと、事情聴取時、事実を一切認めず学校の指導に反抗的な態度をとったことを考え合わせると、この先彼が心を入れ替え、まじめに高校生活を送る可能性は極めて低かったのである。

しかし一件落着と思われた直後から、私は外部からの執拗な攻撃・圧力にさらされることとなった。最初はD男の両親がそろって来校し、恐喝を認め謝罪はしたものの、子供を執拗に弁護し、威圧的な態度ではなかったが「学校に残してほしい」と懇願してきた。もちろん私は丁重にお断りした。すると両親は被害者（隣接高校生）宅に乗り込み、本人や親との直接交渉で退学させない同意を取り付けた上再度来校し、退学の撤回を求めた。再び断ると次は市町村議会の議長、さらには私立学校の理事長と、繰り返し政治力を使って圧力をかけてきたのである。

私はできる限り冷静かつ丁寧に対応をしたのだが、生徒課職員で慎重に審議し、学校として正式に決めた指導方針を外圧で曲げるわけにはいかなかった。こうして長いやりとりの後、ついに両親もあきらめD男は自主退学していった。

学校教育が機能する二つの条件

どんなに悪い生徒であっても、卒業まで面倒をみながら指導を通して更生させていくことが学校教育の役割であることは間違いない。しかし、それがうまく機能するためには、私は次の二つの条件をクリアする必要があると思う。

まず一つめは生徒集団自体の問題である。皆さんは教育問題を語る時、無意識のうちに自分の出身校や我が子の通学校を基準にしていないだろうか？　特に自分がエリートの範疇に入るような方はぜひ高校時代を思い浮かべていただきたい。いわゆる有名進学校の生徒は授業に意欲的に取り組む者が多く、遅刻・欠席や問題行動を起こすことは少なく友人関係も概ね良好だろう。仮に校内で事件やトラブルが発生しても、生徒たちは常識や自浄能力を備えているから、自分達で解決することもできる。だから学校（教師）は生徒を信用し、校内で自由や自治をかなりまで認めているのである。

学生時代こんな経験をして、現在も仕事や人生そのものがうまくいっている方は、「高校生は厳しい規則で縛らなくても、迷惑をかけない常識的な行動ができるはずだ」「たとえ魔が差して問題を起こしても、自ら反省し再び過ちを繰り返すことはない」と信じて疑わないのではないだろうか。

しかし、様々な教育現場を経験すると、そんな模範的な人間は多数派ではないことがわかる。教育困難校では逆に学習意欲や目的意識に欠け、教師や同級生を表面的・物理的力関係で見るような生徒が多い。

「あの先公は宿題を忘れると罰がメチャ厳しいぞ」

「あいつは空手の有段者で子分が何人もいるから勝てねえ」

彼らは見た目や言動に大きく左右され、相手との力関係をいち早く察知し、強者には従い弱者は従わせる。そして世の中のルールではなく、あくまでも自分たちのルールと利益に基づいて行動する。だから悪いことをしても本心から反省することができないか、反省してもすぐ忘れてしまうため、しばらくするとまた悪事を繰り返すことが多い。結局彼らに悪事をさせないための最も大きな抑止力は、自分がやられるかもしれない〝恐怖心〟なのである。

私は実際に、厳しく取り締まらなければ際限なく服装や頭髪が乱れてしまう学校、授業で教師が怒鳴り声を上げなければ収拾がつかなくなるようなクラスを何度も経験してきた。こうした中間層がすぐ悪い方に流される学校・生徒集団では、教師がちょっと気を許せばワルが主流派になり、まじめな生徒達が退学に追い込まれてしまうのだ。

つまり一つ目の条件は、個々にある一定レベルの自浄能力があり、中間層が簡単には悪に染まらない生徒集団であるということだ。

二つ目の条件は、教師集団の指導力である。

教育相談的な優しく話してわからせる指導は、俗にいう教育困難校では、何割もの生徒に通用しないのが現実である。もちろん教師全員が強面である必要はないが、ワルのリーダー（番長）より強い教師は各学年に一人は絶対に欠かせない。ただ、強いとは単に表面的な図体の大きさや腕力ではなく、生徒の方に勝てないと思わせる雰囲気・迫力や説得力を備えている教師である。

どんな大物のワルであっても、よほど大きな問題を起こさない限り、教師が進級・卒業の可能性を第一に考えるのは当然である。しかし、テレビドラマのようにワルがすぐに心を入れ替えて更生するケースは、残念ながら実際の現場ではさほど多くはない。特に教育困難校においては、全員の生徒を卒業させることはほとんど不可能であり、究極的には一〇人のまじめな子を助けるのか、一人のワルを助けるのか、心を鬼にしてどちらかを選択しなくてはならない場面（ワルを助ければ、逆にまじめな一〇人が辞めてしまうということ）を覚悟しなければならない。そうなった時どちらを助けるかは言うまでもないだろう。皆さんは、まじめな生徒たちが次々と授業崩壊で学習権を奪われたり、ワルにいじめられて学校での居場所を失ったりする事態を想像できるだろうか？　私は実際にワルが居座ったために、そのクラスのまじめな子たちが五人、六人と退学していくのを目の当たりにした歯がゆさを忘れることはない。

また、個々の指導力だけでなく、教師集団全体の団結力と役割分担も極めて重要であり、叱り役、説得役、励まし役など各教員が連携し協力することで、問題生徒を心から反省させ、立ち直らせることも可能となる。ある勤務校ではこの体制が極めて強固に築かれていたため、生徒指導も効果的に行えたのだと思う。

ファイルNo.6　パーティー券、加害者かつ被害者のケース

ある時近隣の高校の生徒課長から電話が入った。校門に近い通学路で、私の勤務校の男子生徒（E男とする）と他校生の二名が、下校途中の生徒に次々と声をかけ、パーティー券を無理やり売りつけようとしているという。私は電話で謝罪するとともに、すぐに生徒課職員に指示して引き取りに向かわせた。その職員はまだ現場にいたE男を拘束して学校へ連れ帰ったのだが、外部との絡みがあるため私が直接事情聴取することにした。以下がそのやりとりの再現である。

私「E男、どうして他校の校門近くで派手にパーティー券を売ったりしたんだ」

E男「中学時代の同級生である他校生に、パーティー券の売りさばきを頼まれたのですが期限

までに売れそうもなく、このままだと自分達に支払いを押し付けられるので、高校生が多い通学路で一気に売りさばこうと思ったんです」

ことをあろうに下校時間に他校の校門近くでおおっぴらにやれば捕まるに決っている。私はその行き当たりばったりの無計画ぶりにあきれながらも、この恐喝未遂事件を収束させるため、さらにE男から様々な情報を聞き出した。

私「ところでE男、パーティー券の売りさばきを頼んできた奴は、お前より地位は上か下か?」

E男「僕よりそいつのほうが上です」

私「お前と同じ中学と言ったな? そいつは中学時代の番長（ナンバー1）か?」

E男「いえ、ナンバー2です」

私「じゃあ、ナンバー1はどこのどいつだ」

E男「うちの高校の△△です」

私「ほおー、あいつかあ。ところでお前は何番目だったんだ」

E男「ナンバー3だと思います」

私「なるほど、そうするとお前から『先生にばれたからパーティー券を売るのはもう無理だ』と、逆情報を流してもそいつを抑えきれないな。いやそれどころか、逆にお前に圧力がかかる危険性がある」

E男「はい、これからも売上金のノルマの催促はあるし、断ればボコられる（殴られる）んで怖いんです」
私「よしわかった。ところでお前はこれから学校の指導にきちんと従うか？　ちゃんと言うことをきくのなら俺が助太刀してやるが」
E男「はい、必ず先生の言うことを聞きますのでよろしくお願いします」
私「よし、まずお前は自分の反省をきちんとするんだ。恐喝まがいのことをしたんだから指示に従い謹慎指導をしっかり受けろ。俺は平行してナンバー2の奴を抑えてこの件を終息させる。ただ相手は他校生なので俺が直接そいつにプレッシャーをかけることはできない。そいつの学校には報告するつもりではいるが、今回は未遂で金が動いていないから、奴が首謀者だという証拠を挙げるのは難しいだろう。中途半端な追及で終わるなら逆効果になる。俺が警察と連携して、奴がお前に接触できないようにすることであきらめさせる持久戦でいくぞ。ところでうちの△△は、この件に関与していないだろうな？」
E男「はい、今回△△は無関係です」
　こうしてE男の謹慎指導を学年・生徒課職員に任せ、私は直接この恐喝未遂事件の解決に乗り出した。聴き取りでの様子から、首謀者への所属校の抑えはあまり期待できないと判断し、地元警察に相談をした。やはり法的な部分で参考になることが多く、その助言を踏まえて様々なケースを想定し、E男に次のような綿密な指示をした。

①首謀生徒から直接家に電話がかかってきた場合

E男は誰からの電話であっても直接出ないこと。また家族には相手の名前や状況をきちんと伝えておき、首謀生徒からかかってきたら、居留守を使って電話に出ないこと。たまたま一人の時、うかつにも電話に出てしまったら、いくら脅されようとも何とか理由をつけて絶対に呼び出しを断ること。また脅された内容は警察への証拠資料とするため、すぐにメモを取っておく。

②第三者の友人・知人を使って電話をかけてきた場合

家族も相手がよくわからなければE男に電話を代わることもありうるが、たとえ友人・仲間であっても外への呼び出しには絶対応じないこと。つまりどんなに親しい人物でも首謀生徒より力がなければ、時期が時期だけに利用されていると疑うべきである。「すぐ近くまで来ているから出てこないか?」等の呼出しに応じたら、そこに首謀生徒が手ぐすね引いて待っていることが十分考えられる。

③首謀生徒又は第三者の友人・知人が直接家に来た場合

まず家族に応対してもらうようにして、首謀生徒の場合E男は居留守を使って出て行かないこと。しかし本人が直接乗り込むより、油断しやすい第三者が来る可能性が高いので、E男がどうしても顔を見せざるをえない時でも、絶対に家の敷地内（欲を言えば家の中）から出ないこと。つまり②の場合と同様、門の外に首謀生徒が待ち伏せている可能性がある。E男が自宅の敷地から出なければ、彼は自分から乗り込むしかなく、許可されないのに強引に入れば住居不法侵入となるから、すぐ警察に通報して逮捕・拘束することができる。

④登下校中の注意・対応

E男は高校入学後通学校の近くに引っ越したため、通学距離はかなり短いが、それでも登下校中に待ち伏せされる可能性はある。まず、毎日学校の友達と複数で登下校するとともに、通学ルートを変更したり、場合によっては保護者に送り迎えしてもらったりすること。それでも首謀生徒に出くわしてしまったら、相手と距離があれば走って学校又は自宅へ逃げ、距離がなければ隙を見て近くの民家に駆け込み、その住人を通して警察に助けを求める。

第三者が待ち伏せていた場合、その場では短時間・最小限の対応に留め、怪しい雰囲気があればすぐに切り上げて別れること。また他の場所への移動には絶対に応じてはならない。いずれにしても複数で行動すれば、周りの人に危険信号を発することもでき、すぐに拘束されてしまう可能性はかなり低くなる。

⑤携帯電話等

携帯電話類は解約して所持しないのがよいが、無理なら番号を変えて自分からは出ないようにする。

以上のことをE男に伝え、相手の出方を伺っていたところ、二度ほど家に電話があったという。しかしE男のおじさんが応対し、きつく言ったらそれからはかかってこなくなったらしい。それでも私は用心のため、約一ヶ月警戒を続けたが、首謀者の動きはまったく見られず、E男への接触はあきらめたと判断できた。こうしてパーティー券売買未遂事件は無事終息した。

実は事件終息後すぐだったと思うが、突然E男の母親が私の家を訪ねてきた。何事かと思ったら母親いわく、

「今回の事件で、先生（学校）が息子を守ってくれたことに大変感謝しています」

と、わざわざ私に直接お礼を言うために遠路やってきたのである。

生徒課職員はその役柄上、生徒だけでなく保護者にも憎まれたり嫌われたりすることが多いのだが、この時ばかりは勤務校の生徒を守り抜いたことで、かなりの充実感を得ることができた。

3　弁護士と戦う――暴力・いじめ解決への長い道のり

このジャンルでは、教師生命を賭ける覚悟で解決に奔走した大事件が幾つもすぐに浮かんでくる。特に「弁護士との対決」では、毎日が緊張の連続であったが、一歩間違えれば家族共々路頭に迷っていたかもしれない。また世間の注目を集めるいじめだが、はたから見るよりはるかに実態がわかりにくく、意外に対処の難しいケースが多いことも、この実例からわかってい

ただけると思う。

弁護士との対決

読者の皆さんは「弁護士」にどのようなイメージを持つだろうか？　おそらく「頭脳明断」「弱者・庶民の味方」「正義感」「法律のプロ」「被害者救済」など、良いイメージが多いのではないだろうか。しかし、誤解や批判を恐れずに言わせてもらえば、弁護士も一つの商売（個人営業）であり、生計が成り立たなくては仕事を続けられない。確かに世の注目を集めるような再審の裁判では、弁護士は無実の罪をはらす正義の味方としてクローズアップされるが、逆に光市の母子殺人事件のように、犯罪行為がほぼ確定している被告人の弁護をしたりすればたちまち悪者扱いされてしまう。

ある弁護士ドラマの中で、主人公は弁護をしていた被告人が、ひょんなことから本当に罪を犯したことに気づき、悩んだ末被告人に真実を打ち明けるように諭したところ、彼も涙を流して反省するといった場面を見たことがあったが、そんなシーンに感動する日本人はかなり多いのではないだろうか。しかし欧米人からすると、弁護士が依頼人に対して裏切り行為をすることなどまずありえないという。どうも私達が、弁護士に「正義（庶民）の味方」の役割を期待しすぎるのは、情を大切にする日本人はルールや契約に基づいて合理的・客観的に判断することが苦手で、感情に流されやすい民族だからだろう。

確かに正義感から弁護士になった方も多くいるだろうし、そんな方は自分の理念に反する事件の被告人の弁護は引き受けないかもしれない。しかし現実には日本の弁護士も、正義感より依頼人の意向に忠実に従い、任務を遂行することを優先しなければならない。死刑が確定するような凶悪犯であっても誰かが弁護しなければならず、また一旦引き受けてしまえば依頼人の利益のために働き、その結果成功報酬が受け取れるのだ。

最近学校現場でも、トラブルの調停を弁護士に依頼する保護者が増えているが、相手が弁護士と聞いただけで尻込みする教師も多いのではないか。それは、いくら正しいと思っていても法律のプロ相手では勝ち目がないと思えるし、そんな事例を実際に見聞きするからであろう。しかし先述のように、弁護士は正義を守るためではなく（きっかけが正義感からということは多々ある）、依頼人との契約を守るために忠実に働くのである。とすれば教師（学校）は、自分達に不法行為等の非があるならともかく、相手に問題があると思える場合、指導や対応の適切さはしっかり見極める必要はあるが、学校・生徒・職員を守るためには弁護士と対決せねばならない。

また、裁判とは必ずしも善悪を判断するわけではなく、法律上の有罪無罪を明らかにすることである。だから裁判の負け＝悪とは断定できないはずだが、現実は学校・教師の負けとなれば世間から非難の大合唱が起こり、そのダメージは計り知れない。従って我々はどうしても弁護士との戦いに負けるわけにはいかないが、勝算はあるのだろうか？

そこで、私が生徒課職員と共に、約二ヶ月にわたり弁護士とせめぎ合った事件について紹介したい。ただし、弁護士とのせめぎ合いを読者に伝えることが目的なので、あえていじめ・暴力行為の是非や生徒・保護者の心情など教育的な視点からは見ていないことをご容赦願いたい。

ファイルNo.7　自主退学勧告と弁護士

ある時、勤務校の校長宛に一通の書留郵便が届いた。連絡を受けた私はすぐ手紙の文面を読ませてもらったのだが、それはある生徒（保護者）の代理人を名乗る弁護士からの、自主退学勧告を不当とする撤回要求文書であった。なぜこんなことになったのか、話は一ヶ月ほど前にさかのぼる。

新年早々生徒課職員が、部活内や学年で陰湿ないじめ・暴力を続けている男子生徒の情報をキャッチした。かなり重い内容なだけに、すぐさま生徒課が被害者と思われる生徒数名の事情聴取を開始したのだが、皆揃って口が重く、肝心なことはなかなかしゃべろうとしない。それでも粘り強く数時間以上かけて聞き出したいじめの実態はすさまじかった。殴る、蹴る、首を絞める（失神したこともあり）、他の部員への暴力行為を強要する、卑猥な写真を撮影する、集団でリンチするなど、生命の恐怖すら感じる内容であった。

おそらく被害生徒たちは仕返しが怖くてなかなか言い出せなかったのだろう。結局一人の首謀生徒に自主退学を勧告したのだが、さらにその後の調査でもう一人がほぼ同等の立場で事件に関与していたことがわかり、この生徒（F男とする）にも自主退学を勧告した。しかしF男の保護者は、学校の説明や対応に疑問を感じていたことと、息子の行ったいじめ・暴力行為は退学に値しないという認識だったため、自主退学勧告に納得できずにいたようだ。そこで知り合いの弁護士に相談したところ、共感して依頼を引き受けてくれたというわけだ。

話を戻そう。事実関係の認識にずれがあると感じた私はすぐこの弁護士にアポをとった。翌日一人で来校した担当弁護士は、自主退学勧告撤回要求の理由について、

「公的な教育機関である高等学校が一発退学を勧めるのは教育権・学校責任の放棄である。またF男君はいじめの首謀者ではなく、非行内容からいっても退学は重すぎる」

と語気を強めた。私は他の生徒課職員と三名で応対したが、どの高校にもある客観的な生徒指導内規に則った措置であること、本人は首謀生徒とほぼ同列であったこと、陰湿ないじめ・暴力を受けた恐怖心から、不登校気味になった被害生徒までいたことを理由に真っ向から反論した。結局話は平行線のまま終わり、弁護士は新たな証拠をそろえて再度来校すると告げていった。

弁護士の真剣かつ強気な姿勢を肌で感じた我々は、学校側に落ち度がなかったか、再度非行の詳細（原因、行為の日時・回数・内容や被害の程度等）、退学勧告とその根拠、指導経過と生徒・保護者の反省状況等を丁寧に再確認したのだが、曖昧な事実関係や常軌を逸する指導措

置など、相手側につけ込まれる点は見当たらなかった。もし保護者の心証を害した一因が自主退学勧告の伝え方にあったとすれば、私を含めた管理職の責任であり、その点については反省する必要はあるが、だからといって非行事実そのものや指導措置が揺らぐものではない。私は生徒課や学年部と念入りに情報をすり合わせた上で、これまでの指導方針を貫くことにした。

約二週間後、弁護士がF男の両親と来校することになり、校長の同席を要求してきた。私は意識的に理由をつけて断った。まだ相手の出方が読めない状況下で、最高責任者である校長を矢面に立たせるのは危険すぎたからである。こうして学校側六名と二回目の話し合いが始まったが、席に着いた父親は指導中渡し時の気弱そうな表情とはうって変わり、最初から上目遣いに我々をにらみつけ、まるで別人のようであった。時々ペーパーを見ながら一人ひとり矢継ぎ早に質問を浴びせ（まさに糾弾）、我々の返答の言葉尻を捕らえしつこく追及を繰り返した。

また学校側代表である私がしゃべり始めると、何度も途中で発言をさえぎろうとした。さらに父親は「なぜ息子の行為（いじめ・暴力の事実は認める）が退学に値するのか、文書で示せ！」と何度も強硬に主張した。即答は危険と見た私は、

「生徒の個人情報保護の観点から見せられない内容もあり、要望に応えられるかどうかはわかりませんが……」

「紙面を渡すにしても最高責任者である校長の了解をえないと……」

などと、意識的に結論を先延ばしにした。

弁護士はあまり前面に出ず、保護者と我々とのやり取りを聞きながらメモを取っていたが、突き崩せそうな人物やウィークポイントを見つけるや、冷静に質問を浴びせてくる。我々はできるだけ慎重に言葉を選びながら受け答えをしたが、結局二回目の話合いも平行線のまま時間切れとなった。

さて緊張状態の中、何とか相手の攻撃に持ちこたえたものの、私は両親の強い怒り・不信感を目の当たりにし（弁護士の戦法でもあったと思う）、果たしてこのまま対決して大丈夫なのか、不安感が増幅してその夜ほとんど眠ることができなかった。もし対決して負ければ、学校全体（校長）の責任、いや県の責任・賠償問題にまで発展するかもしれない。そうなれば判断ミスをした自分は辞職しなければならないか……。夜通しあれこれ考えが錯綜する中、私は必死に今後の流れを読もうとした。

逆に相手の要求を呑めばF男は学校に復帰することになる。そしてこの情報を聞いた一人目の首謀生徒と保護者は、間違いなく退学の取り消しを要求してくるだろう。本人の謝罪や反省はあったとしても、これだけのいじめを受けた被害生徒の恐怖感が簡単に拭い去れるとは思えず、不登校や退学に追い込まれる危険性がある。こうして学校側の敗北が尾を引けば、生徒指導を根幹から揺るがし学校は崩壊していくだろう。

従ってF男本人も正直に認めた揺るぎのないいじめの事実がある以上、我々はどうしてもこの戦いに勝利して、被害者・全校生徒・学校を守らなければならない。考えがまとまった私は、翌日早速行動を開始した。スペシャリストの弁護士に勝つためには、県教委の協力・後押しが絶対必要と考え、校長の許可をもらい直ちに説明・相談に出かけた。

担当者に事件の概要と指導措置について説明した後、ずばり自主退学勧告で押し通せるかどうかを尋ねた。すると「卑猥な写真撮影などは重大な非行と判断でき、一発退学でも特に問題にならない内容と受け取れる」との見解だった。また事実関係の信憑性だけでなく、入学後のF男の学校生活と生徒指導の履歴（指導内容と反省の度合い）、今回の謹慎指導への本人の取組・反省状況を再確認し、今後も更生の見通しが低いと判断できれば、自主退学勧告を補完する材料になるという確証も得た。そして相手から要求のあった紙面による回答については、希望に応えながらも個人情報保護の観点から氏名・個人が特定される事象や、相手に突かれるような不確かな証言・報告は一切記載せず、簡潔にA４判一枚にまとめることにした。

弁護士が介入することの意味

三月上旬に三回目の話し合いが行われたが、まず前回要求された退学に値する行為と指導経過をまとめた紙面を手渡した。弁護士は、「これは……」と小さな声を発したが、予想より内容が物足りなかったのだろうか。続けて私は自主退学勧告の指導方針に変更がないことをきっぱり述べ、年度内に解決できなければ生徒本人が不利益を受けることを告げた。すると相手方は三月中旬に最終的な回答を約束し、わずか五、六分で話し合いは終わった。

三月中旬、弁護士が電話で退学勧告を拒否する回答を伝えてきた。このままでは年度内に退学処分するしかないため、私は両親が本当に自主退学と退学処分の違いがわかっているのかどうしても直接確認したく、最後の対話を要求した。

要求に応じ年度末に最後（四回目）の話し合いが行われ、校長も同席した。最初に私が自主退学と退学処分の違いやメリットデメリットについて両親に説明し、自主退学勧告を受け入れるかどうか、最後の意思確認をした。ところが父親は回答どころか二月の話を蒸し返し、また個々に我々を糾弾しはじめた。相手方の手詰まりを感じた私は、それをさえぎるように意識して語気を強めながら、次の四点を主張した。

①本日は最終的に自主退学勧告を受け入れるかどうかの話し合いのはずである。
②いまだに事実関係の有無で納得できないなら、これ以上話し合っても無駄である。
③盗難の件や学校の管理責任等は、今回の指導の軽重とは無関係である。
④事実関係や指導措置に納得できないなら年度内に退学処分の手続きをするしかない。

さらに私は主に弁護士に向け、話を続けた。

⑤ご両親は学校から事実関係の詳しい説明がないというが、直接会えないからあなたを通して

いじめの詳細や指導の根拠を説明しているはずだ。
⑥何度も事実関係をすり合わせ、信憑性のある内容から判断した退学勧告である。
⑦学校は当初から一貫して自主退学を勧めており、早いうちに手続きできれば次の進路の選択肢がいくつかあった。ここまで引き伸ばした責任はあなた方にある。
⑧本人への配慮でテスト受験も許可した（幾つかの科目で単位修得の可能性あり）。
⑨本人・保護者への伝え方や、学校の管理責任については我々も反省すべき点があるが、残念ながら息子さんのいじめ・暴力自体は到底許されない行為である。

相手方は皆黙って聞いた後、母親はテストを受けさせてもらったことには謝意を示してくれたが、最終的に自主退学勧告を受け入れることはなかった。結局我々は、三月末日に退学処分の手続きに入ることを伝え、話合いは打ち切りとなった。それでも我々はぎりぎりまで待ったが加害生徒側からの申し出はなく、退学処分通知を本人・保護者に郵送して、この事件も区切りとなった。

しかし弁護士まで乗り出したのだから、そう簡単に終わるはずはない。私は直ちに数十ページにも及ぶ調査報告資料を県教委に送り、第二ラウンドに備えた。そして一学期の間相手側から県教委への訴えや裁判提訴等の動きがないか、常に注意を払っていた。しかし夏休み前に一度だけ、別の弁護士から県教委への問合わせ・訪問があったきりで、以後何も起こらなかった。

結局我々の勝利となったわけだが、その要因はどこにあったのだろうか？　私の勝手な分析で申し訳ないが以下列記してみる。

①今回の自主退学勧告が、よく言われる社会通念上常識の範囲内であり、言い換えれば加害生徒のいじめ・暴力が許容範囲を超えたレベルであったこと
②事実関係についてあやふやな点がなく、学校側の信憑性が高かったこと
③教師団が情報交換を密にし、言動のずれなく一丸となって対応したこと
④弁護士の動きや戦法を予測し、冷静に時には毅然とした態度で話合いに臨んだこと

二ヶ月もの激しいせめぎ合い後の勝利の味は格別と言いたいところだが、喜ぶよりホッとしたというのが本音であり、何か胸に引っかかるものすら感じた。教師はどんなに悪行を働いた生徒でも更生させたい気持ちが強いものだが、弁護士が介入する事態となればどうしても勝ち負けにこだわらざるを得ず、直接生徒の心に訴えかけるような指導ができなくなる。子供が法律や大人の駆け引きの中で犠牲になったと思えるのは私だけだろうか？　若い彼らには何とか前向きに人生をやり直してもらいたいと切に願っている。

ファイルNo.8　同級生への卑劣ないじめ

この事件はちょっと珍しい形で表面化した。一一月下旬のある日、私は三時間ほど年休をとり、一一時頃出勤したのだが、早速指導教頭から次のような話があった。

「突然三年G男の父親が血相を変えて学校に乗り込んできて、『息子がいじめを受けて学校を辞めたいと言っている。いじめたやつは同級生のH男とI男だ。すぐにここに連れてこい！』と、すごい剣幕だった。普通は調査もせず、いきなり生徒を直接利害関係者に会わせることはしないが、今回は父親が納得いかなければすぐにでも警察に駆け込みそうな勢いだったので、もめないように自分と学年主任が立会い・監視する形で、H男・I男と直接話をさせることにした。早速別室へ二人を呼び出したのだが、父親は彼らに対して息子へのいじめ・恐喝まがいの行為を、バックにやくざでもいるような強い脅し文句で糾弾し、事実の承認と謝罪を要求した。H男とI男はその剣幕にひるみ、指摘されたいじめや恐喝まがいの行為（H男が一万円、I男が五〇〇〇円を取る）をあっさりと認めた。概ね事実確認ができたため、今後の指導は学校に任せてもらうことを父親には了承して引き取ってもらい、今H男・I男を別室で待機させてある」

一通り話を聞いた後、私は早速二人の詳しい事情聴取に入ったが、知れば知るほどなかなか巧妙で卑劣ないじめ且つ恐喝まがいの行為であることがわかってきた。

一〇月のある日の体育の授業開始前に、H男が「キックボクシングをやろう」ともちかけ、逆らえないG男を同意させた。一応試合の形をとりG男も足を出すが、途中からは一方的にH男が蹴った。さらにその授業終了後、H男はG男を引き留めて、掛金一〇〇〇円でバスケットのシュート競争を持ちかけた。また蹴られるのが怖かったG男は仕方なく同意したが、運動神経が良く経験者でもあるH男が勝つことは明白であった。その後G男は次々と賭けゲームをやらされ、負けるたびに金額が跳ね上がり、最終的に一万円の負けになってしまった。支払いを催促されたG男は友達から借りるなど金を工面し、翌日H男に一万円を渡した。

一方I男は金を賭けた指立てゲームにG男を誘い込み、わずか五、六分の間に五〇〇〇円勝ったが、やはり支払いを催促し金を受け取った。このように賭けゲームという一見公平な形をとりながら、実態は複数の強者が弱者に対し、卑劣にも繰り返し金銭を要求した恐喝と同レベルの行為といえる。さらに格闘技の技術を身につけていたI男は、休み時間に一見乱取りのような形をとりながら、毎日ふざけてG男を投げ飛ばしたり絞めたりしていた。こんないじめやたかりを連日繰り返されれば、G男が学校に来られなくなるのも当然かもしれない。

今回やったことだけでも極めて悪質・卑劣だが、G男を退学の瀬戸際まで追い込んだことや、二人とも指導の前歴があったことを考えると、彼らが学校に残れる可能性は極めて低かった。そこで指導教頭のバックアップを受け、私が二人の保護者に、事実関係を説明した上で、今後の厳しい見通しを伝えた。

保護者の対応

保護者が子供を卒業させたい気持ちは当然であるが、学校危機に直面する教育困難校においては、情に流され妥協して少しでも公平の原則を曲げてしまうと、一部の自己中心的な生徒や保護者などが、不公平な事実を盾に学校へ次々と無理難題を要求してくる可能性が高く、実際私はそういうケースを何度か目の当たりにしてきた。そうなれば学校は雪崩を打つように崩壊するので、更生の可能性は考慮しながらも、犯した罪の重さから客観的かつ冷静に指導措置を決めるしかないのだ。

すると前述のパーティー券事件と同様、親は子供を退学させないためにあの手この手でゆさぶりをかけてきた。I男の父親は仕事関係に私の知人がいることを知り、その人物を通して泣き落とし作戦をかけてきた。私と信頼関係のある人物なので大変辛かったが、学校の公式決定を曲げるわけにはいかない。指導方針に変更はないことを丁重に告げると、しばらくしてI男の父親は渋々ながら承諾し、退学願いを提出した。

一方H男の父親はさらに頑強で、何度も自主退学勧告を拒否した。それは息子を辞めさせたくないという純粋な思いと、「学校からは退学処分に踏み切れないだろう」という読み（駆け引き）もあったと思う。確かに我々も本人の将来のため、できるだけ「退学処分」は避けたかった。しかし相手方にその胸のうちを読まれれば、益々強気に退学勧告撤回を求めてくるはずだ。そこで我々は退学撤回を受け入れないが「処分決定会議の引き延ばし」を保護者に告げることで、自主退学願提出期限の猶予を与える持久戦に出た。

すると父親は、Ｇ男の親から二人を退学させない同意を取り付けた上で、数日後それを盾に退学勧告の撤回を要求してきた。それでも学校側が応じないと両親揃って来校し、父親が次のような主張をした。

①Ｇ男は無断でバイクの免許を取得し乗り回しているが、学校は知っていたか？
②Ｇ男はもともと欠席傾向のある子でその理由もはっきりしないし、ずる休みではないか？
だからいじめが不登校の原因ではないと思われる。
③息子以外にももっとひどいいじめをしている生徒がいるし、万引きや暴走族まがいの行為をしている者もいる。二人だけ辞めさせるのは片手落ちではないか？

つまり父親は、「うちも悪いが他の連中も悪い。片方だけクビにして良いのか？　手落ちを糾弾するぞ！」と言いたかったのだろう。これはよくある手なのだが、学校側の弱み（ミス）につけ込み、教員をひるませ退学勧告を取り消させようとしたのである。しかし我々は動じることなく次のように答えた。

まず①は初耳である。早急に調査し事実関係を確かめ、事実なら本校の生徒指導内規に照らして謹慎等の指導を行う。
②については、同席した担任が口頭で回答したが、欠席は極端に多くはなく、一〇月に五～六日、一一月はG男の父親が来校した数日前から連続して欠席している。理由の詳細は後ほど確認するが、一〇月から目立って遅刻や早退が増加しており、いじめの影響があると思われる。
③については、同学年の「いじめ」の噂を二、三件聞いている。これから詳しく調査し、事実であれば行為の内容によって謹慎や自主退学勧告等の措置をとる。
最後に私は付け加えて、

「G男君の問題行動がはっきりすれば学校はきちんと指導します。でも息子さんの起こした事件はまったく別件であり、指導措置は変わりませんよ」

と両親に念を押した。

その後の調査でH男の父親情報通り、G男のバイク無断免許取得が判明したので、すぐ父親に次のように電話を入れた。

「お父さんの情報通り、G男君の無断免許取得・バイク乗り回しは事実でしたので、早速本日申し渡しを行い謹慎指導に入りました。他者のいじめ行為については現在調査中で、もうしばらく時間がかかると思います。それから『退学処分にしてくれ！』という件ですが、今まで説明した通り、本人の将来の道を閉ざさないため、教育的配慮で自主退学を勧告するという学校の方針に変わりはありません」

するとその後、父親から退学願いが提出され、この事件もやっと終息を見たのだった。

生徒指導の鉄則

さて、読者に教師の方もいると思うが、生徒指導では「まったく違う事件を同じ土俵に上げて比較してはならない」という鉄則がある。当たり前のことだが、各々の違反行為を内規に照らし合わせ、別々に指導措置を決めるのである。つまり、先ほどのH男・I男のいじめ・恐喝事件は進路変更レベルに相当し、後のG男の無断免許取得は有期謹慎に相当するわけで、それぞれ独自に実行すればよいのである。

保護者の中にはとにかく自分のかわいい子供を助けるために、善悪やルールという尺度ではなく、全く別件の学校のミスや対応のまずさを取り上げ、訴えない（公にしない）ことを交換条件に、自分たちの要求を通すような駆け引きをする人もいる。

「そんな悪事は誰でもやっている。悪いのはうちの子だけではない。なぜうちだけが処罰されるのか！」

「そもそもおたくの学校の対応には問題がある。〇〇のミスについて学校はどう責任をとるのか？」

という論法だが、実はこの対処法は意外に簡単である。毅然とした態度で、

「じゃあ、息子（娘）さんのしたことは悪くはないのですか、それは法的に許されることです

か？」

「他にも悪いことをした者がいるなら直接実名を挙げて証言してください。調査の上、規定にのっとり同じように指導しますから」

「〇〇の件については、確かに学校も配慮が足りなかったかもしれませんが、息子（娘）さんの起こした△△の件とは直接関係ありませんよ」

などと自信を持って応対すれば、ほとんどの場合反論できないはずである。

教員人生最高の日

ところで加害者の一人であるH男とは、約八年後に偶然再会することになった。

ある時、この教育困難校で仲のよかったa教諭と二人で飲もうということになり、郊外の居酒屋に入った。週末でかなり込んでいたので我々はカウンターに座り、勤務校時代の昔話にも花が咲きはじめたまさにその時、a教諭が通路を隔てた座敷のコーナーで、騒がしく飲んでいる五～六名の若者集団の会話に聞き耳を立てた。

「俺の高校ん時のセンコーはよう、こえーったらなかったぜ、逆らったら大変だあ、ホント恐ろしい奴なんだ……aっていうやつなんだけどよー」

彼は一瞬耳を疑った「俺の名前じゃねーか」。そこでa教諭は声のする方向に目をやると、高校時代担任をしたJ男が話に夢中になっていたのだった。彼は二年まで高校に在籍したが、勉強が苦手で学年末に多くの赤点を抱え、結局定時制に編入学して何とか高校を卒業することができたのだ。ところがよく見ると、彼の隣には何と前述の事件で高校を中退したH男が同席していたのである。

さてついに我慢しきれなくなったa教諭は、タイミングをはかりJ男達に声をかけた。

「おい、J男。久しぶりだな」

「誰だ?」とばかりに振り向いたJ男が、ついさっきまで話していた元担任の姿に気づいた時の驚きようといったらなく、まるでハトが豆鉄砲を食らったようだった。

「あれ、先生お久しぶりです、この店よく来るんですか」

先ほどの威勢はどこへやら、すっかり高校時代に戻って借りてきた猫になってしまった。

続けてa教諭が、

「おまえ、えらく人の悪口言っていたようだな」

と軽く脅かすと、J男はあせったように

「いえ、そんなこと言ってないですよ」

と、何とかその場を取り繕おうとしたのだが、その時一緒に飲んでいたH男もこちらを見て、a教諭の横に私がいることに気付いたようだった。

正直言うと私はH男やI男だけでなく、問題行動で自主退学していった生徒達と顔を合わせるのは辛い。いくら本人が悪いことをしたにせよ、すっきりした形で辞めていった者ばかりではないわけで、私達を恨んでも不思議はないからだ。しかし一方で彼らは立ち直って前向きに人生を歩んでいるのか、どんな生活をしているのか、いつか様子を見たいという気持ちもまた強くなっていくものである。

しばらくして、H男がJ男と一緒に我々の座っているカウンターに近寄ってきた。ちょうど席が空いていたため、J男はａ教諭、H男は私の隣に座った。すぐ彼の顔を見たら穏かな大人びた表情だったので、充実した生活をしているのだろうと内心ほっとした。私は自分からH男に話しかけ、学校を退学する時にギクシャクしたため、どこか心に引っかかりを感じていたこと、その後立ち直ったのかずっと気になっていたことなど、正直に自分の心境を打ち明けてみた。ところがH男の返答は私が想像した以上に立派だった。

「正直言って退学させられた時は悔しかったし、先生方を恨みもしました。でもその後親父の仕事を手伝うようになり、世の中がどういうものかその厳しさがわかるようになりましたし、高校時代の自分がいかに甘えていて、わがままだったのか本当に気付かされました。今は若い社員を使ったりする指導的な立場になり、非常にやりがいを感じていますので、高校中退という引け目はありません」

これが高校時代には人の弱みにつけ込んで、金を巻き上げたりした人間だろうか？　私は何か胸に熱いものがこみ上げてくるのを感じた。「H男、よくぞここまで成長してくれた。またお父さんもよくここまで鍛えてくれた」と心からそう思った。

この出来事は、教育困難校時代の厳しいながらも魂を込めた生徒指導は、たとえその時は生徒に恨み・反発をかったとしても、時が経てば彼らを成長させる肥やしにもなることを証明してくれたのかもしれない。私は今までの教員人生で最高ともいえる感動を味わったこの日を、一生忘れないだろう。

ファイルNo.9　どっちがいじめ？

ある高校で教頭をしていた時のことである。一人の女子生徒が担任に、

「同じ授業集団の女子生徒達から無視され、仲間はずれにされていてその教室に入れない。何とかしてほしい！」

という訴えを起こした。担任・学年職員が協力して調査にあたったが、女子生徒同士特有のメールのやりとりに絡んだトラブルのようだった。

どうも集団であからさまな嫌がらせをしていたわけではないらしい。休み時間に隣のクラスの女子達が、訴えのあった女子生徒と他の同級生とのメールのやりとりについて噂していたところ、ちょうど本人が教室に入ってきたため、ビックリして会話を止め、無視するような態度をとってしまったことが直接の原因だった。訴えられた女子のメンバーは日頃から問題行動などで目立つような生徒ではないし、いじめだと訴えられた言動も一方的、継続的なものではな

かったので、彼女らに注意をした上で仲直りをさせれば簡単に済むと思われた。

ところがこの問題は、訴えた女子生徒の友達であり、学年で最も幅をきかせていた男子グループが、彼女の助太刀に乗り出したことから思わぬ広がりを見せていった。学年主任や担任は訴えられた女子達に、謝るべきところは謝らせ仲直りをさせようとしたのだが、男子グループはそれだけでは納得せず、女子生徒達に対する謹慎等の厳しい指導を望み、「もし彼女がずっと授業に出られない場合には、あいつらを退学処分にしろ！」と先生達に要求してきた。

しかし聞き入れてもらえないことがわかると、なんとグループの二人が学校へ相談もせず、突然県教委に匿名でいじめの告発をしたのである。しかも、「このままいじめを放置していると俺のダチが黙っちゃいない」という脅し的な言い回し（県教委情報）だったというのだからあきれてしまう。

いくら信憑性に疑問はあっても、訴えがあった以上県教委は対応しなければならないから、当然勤務校に問い合わせと調査依頼があった。

ところが事件が長引くに連れ、訴えられた女子達は男子グループに執拗に問い詰められたことで精神的に参ってしまい、学校を休みがちになる生徒まで出てきた。そうした膠着状態の時、最も落ち込みのひどい女子生徒の伯父から学校に抗議の電話が入った。

「姪がいじめをしたと疑われて執拗な嫌がらせを受けたために、学校に行けないと言っている。学校はきちんと解決してくれるのか？　このまま収まりがつかず、姪が学校に行けなくなったらどうしてくれる？　私は到底相手を許すなんてできないから黙っていないで出るところに出るぞ！」

と相当な剣幕だった。私は伯父の話を親身に聞いたうえで、

「ごもっともな話です。私共としましてもどんなトラブルであれ、真面目に勉強しようとする生徒が学校に来られない状況を放置するわけにはいきません。学校として必ず責任を持って解決しますので、もう少し我々に時間をください」

と丁寧かつ慎重に応答して何とか伯父の了解を得たが、状況からみて長い時間待たせる猶予はない。学校が解決できなければ、双方が直接ぶつかり合うのは避けられない状況だった。

私はまず学年主任、担任同席のもと、いじめられた（？）側の女子生徒と助太刀男子グループ、そしていじめた（？）側の女子生徒達を一堂に会させ、学校としての措置と今後の対応について説明することにした。ところがその日、一番の当事者である訴えた女子生徒が情緒不安定な状態で同席を拒否し、男子グループの一人は学校を欠席した。しかし、状況は切迫している。全員揃わないことを理由に、安易に先送りにするわけにはいかない。私はいじめ事件の処理・指導を強行することにした。

すでに訴えられた女子達の謝罪は、学年職員立ち会いのもと済んでいたのだが、改めて、いじめを受けたという女子生徒に対しての配慮や対応が適切さを欠いていたことを公に認めた。しかしながら今回の件では、誤解や行き違いがあり計画的継続的に行われたいじめとは認めら

れないので、謹慎等の指導はしないことをはっきり関係者全員に伝えた上、次の約束をさせた。

①今回の件はこの場で仲直りをしてケリをつけ、今後お互い根にもつことや嫌がらせは絶対せず、気持ちを切り替えて学校生活を送ること。

②双方が一緒に受ける授業については、誰もが気兼ねなく参加できるように、お互いに相手への配慮・気遣いを怠らないこと。

しかし男子グループの中には、はっきりと反論しないものの、女子生徒達への指導措置が軽すぎるためか、明らかに不満げな表情を浮かべた者もいた。そのため私は最後に、「もし今回の関係者の中で、今後新たにいじめや嫌がらせをした者がいたら、全員区別なく問題行動として取り上げ厳しく指導する」と釘を刺したのだった。

ところが、男子生徒の嫌がらせはこの指導で終わることはなかった。

実は教育困難校においては、多くの生徒に当てはまる法則がある。それは「初対面か、ほとんど会話を交わしたことがない教師から最初に注意や指導を受けた時、失礼な態度をとる確率が高い」ということである。事実男子グループのメンバーについて、私は面識がないか知っていても会話を交わしたことのない者がほとんどだった。その中心人物をK男としよう。彼は女子生徒達に、最も言葉による嫌がらせなどのプレッシャーをかけた人物であるが、初対面であり私がどういう人間なのかまったくわかっておらず、全体での注意や約束を軽く考えて、彼女達への嫌がらせを裏で続けていたのだ。

その事実は、指導の二日後だったか、前述の伯父が抗議をした女子生徒の母親から、学校に次のような訴え・要望の電話があり判明した。

「まだK男君からの嫌がらせが続いており、娘は怖くて学校に行けないようだ。何とかならないですか？」

決して強硬ではなかったが、ひじょうに困りはてている様子であった。私は驚きよりもK男への怒りがこみ上げたのだが、努めて冷静さを保ちながら、K男の指導を含め直ちにこのトラブルを解決することを約束して電話を切った。もう一刻の猶予もない。今度解決できなければ間違いなく伯父は警察に訴えをおこすだろう。こうなれば自分の責任において直接K男を抑え込むしかない。

私は早速翌日K男を呼び出し、以下のように追及を始めた。

私「K男、俺との約束を破ったな」

K男「えっ、何のことですか？」

私「いじめの件は前回ですべて終わりにするといったはずだ。しかもその後嫌がらせ等を続けた場合は、誰であろうと問題行動として取り上げ指導するとも言った。しかし、おまえは未だに女子生徒達への嫌がらせや暴言を続けているようだな」

K男「嫌がらせとかじゃないですよ。顔を合わせた時に話ぐらいするでしょう。僕は元々ぶっきらぼうな言い方だし」

私「K男なあ、それはおまえの言い分だろう? この際はっきり警告するが、今止めないと学校ではもう抑えきれないぞ。包み隠さず言うとな、実は訴えられた女子生徒の保護者から何度も抗議の電話があったんだ。『娘が逆いじめで学校に行けなくなっている、K男と保護者を糾弾し訴える!』とな。これまでは『学校で解決するから我々に任せてくれ』と言って何とか抑えてきたが、まだ嫌がらせが続くようなら、学校を見限って警察などに依頼するのは間違いない。そうなったらもう学校はお手上げで何もできない。おまえ達が県教委に訴えたことも我々は知っているが、県教委はすぐに動かなかっただろう? つまり現場の我々に調停を任せる程度の軽いレベルだと認識したんだよ。


おまえは自分でわかっているはずだ。彼女が卑劣で悪質ないじめを受けたからではなく、嫌な思いをしたことがおもしろくないから、腹いせ(仕返し)をするんだとな。この前話したとおり、学校はすでに調査結果に基づく裁定・指導を終えている。それでも納得できず、相手をいじめる行為を執拗に繰り返せば、それが新たないじめの決定的な証拠となり、おまえ達の方が訴えられるぞ。そうなれば生徒間だけの問題にはとどまらず、保護者を巻き込んだ法廷闘争になるだろう。いずれにしても学校はもう結論を出したのだから、この先は警察でも裁判所でもお互いに争って決着をつけてもらうしかないな。これでも俺の言うことが聞けないなら勝手にしろ！」

この話を黙って聞いていたK男は途中から顔つきが変わり、不安かつ真剣な顔になった。言い訳もせずに話を最後まで聞いた後、もう彼女たちにプレッシャーを与えるような関わりはしないことをしっかり約束した。その後、彼の友達から流れてきた情報では「俺はもうあいつらへの嫌がらせはやめる」とこぼしたと言うのである。K男もやっと事の重大さがわかったのか、ようやく一件落着したのだった。

ファイルNo.10　規範意識が欠落した母子

ある年の七月中旬、勤務校の生徒の母親から担任に次のような相談があった。

「最近娘の帰宅が遅く午前○時を回ることもある。どうも学校近くに住んでいる男子同級生のアパートが生徒達の溜まり場になっているらしい」

担任によればその男子生徒は、授業中寝たりおしゃべりしたりしていることが多く、ひじょうに態度がよくないという。心配した担任が家に電話するとヤンママ系の母親がでて、

「酒やたばこはやっていない。みんなで仲良く遊んで何が悪い！」

と逆に開き直られてしまった。

手をこまねいている間に夏休みが過ぎ、二学期に入った九月中旬のことである。例の溜まり場のアパート付近を学年主任と担任が見回っていた時、アパートの大家が近寄り、今までの彼らの迷惑行為の詳細を伝えてくれたのだが、それはあきれかえるような惨状だった。

該当の母親と息子は四月初めに入居したが、もう四月中旬から騒がしくなってきたという。以下大家さんが話してくれた具体的行為を列挙してみる。

・外でエアガンを撃って騒ぐ
・駐車場に大勢でたむろして毎晩のように大騒ぎをする
・明け方駐車場にたばこの吸殻やジュースの空き缶が散乱している
・夜中や明け方にバイクを乗り回す
・アパートの住人所有ではない自転車（他校生のものも含め約一〇台）やバイク（一台）が毎日置かれている
・六月中旬、数名で夜中に大騒ぎをしているところへ警察が来たが、皆逃げた
・七月末には二人がペットボトルに火をつけて遊んでいるところを警察に補導された
・九月の上旬には数名がバイク等で騒いでいるところに警察が駆けつけ、部屋まで入って指導した様子だが、警察官に食って掛かった者もいた
・九月の中旬、夜中にボールを突いて騒ぎながら遊んでいた

さらに大家さんは話を続け、

「このような状況なので近所の子供達は大変怖がっている。放置自転車番号シール等の証拠写真は取ってあるが、アパートの住人も恐怖を感じており、仕返しをおそれて黙って見ているしかないので、管理会社と相談して法的措置（退去命令）をとり、九月中に出て行ってもらう予定だ」

と困惑気味に話してくれた。私は管轄警察署からも情報を収集したが、大家さんの話通り警察官が九月の初め頃アパートに行き、少年達を指導したのは間違いなかった。

その後実際に退去命令は執行され、学校付近の溜まり場の惨状については解消される見通しが立ち、校外の問題はなりを潜めたのだが、この男子生徒の学校生活は相変わらず改善されず、ついに同級生へのいじめとなって噴出した。

彼と体格のよい男子同級生が中心となり、おとなしい男子同級生数名に執拗ないじめを繰り返していたのだ。あまりのひどさに耐えきれなくなった生徒が教員に訴え、ことの詳細が明らかになったが、その度を越したいじめ行為の実態を列記してみよう。

・休み時間や、時には授業中でもふざけ半分に殴られ、痣ができた
・ガンをつけられ、いつまでも言葉責めされる

・書道の授業中、字を書いている時に文鎮などでしょっちゅう作品を破られた
・休み時間にからかってくるが、反抗すると蹴られる。跳び蹴りもされた
・体育の授業でプールに何度も沈められた
・水泳の授業で着替えの時タオルを取られそうになった
・携帯電話を取られ、中の電話帳の番号に勝手に電話された
・いすをひっくり返された
・プロレスのまねで首を絞められた
・しょっちゅう「オタク」「変態」呼ばわりされる
・上履きを取られて隠された
・お弁当を勝手に食べられ、床に落とされたこともあった
・体育の授業でペアを組んだ時、失敗すると罵声を浴びせられた
・何度もたかられ、缶ジュースをおごらされた

なんと犯罪（暴力・傷害等）に該当しそうないじめまである。しかしいじめの事実認定は、外部の方が思っているほど簡単なものではなく、被害者の証言だけではなかなか立証できない。金品をとられたとか、全治何週間の怪我をしたとか、明確な被害があれば加害者にいじめ（犯罪）を認めさせることもできるだろうが、言葉や目つき、態度などは人の受け取り方に差があ

るばかりか、「言った」「言わない」の水掛け論になりやすい。

まして、絶対に事実を認めない生徒・保護者がいたり、どちらがいじめたのか真実がなかなか把握できないケースすらあったりする。つまり学校現場では加害者自身が素直にいじめを認めるか、物的証拠や複数証言等の確実な証拠を積み重ねられない限り、いじめ行為の現場を押さえるしか解決策はなく、巧妙な生徒はなかなかボロを出さない。だからいきなり謹慎や自主退学勧告等の指導で追い込もうとしても、加害生徒の抵抗にあって事実確認に手間取ったり、中途半端な追及で逃げ延びられたりすれば、逆に被害生徒の方がプレッシャーを受けるばかりか、下手をすれば陰で報復されて不登校になったり、挙句の果ては退学にまで追い込まれたりする危険があるのだ。

そこで我々は先手をうつため、該当の親子二組を学校へ呼び出し、細かな事実認定にはこだわらず、今回謹慎とはしないものの、いじめがあったことを前提として「今後もいじめを続けていた場合は、進路変更も含めた厳しい指導を行う」と警告する形で厳重注意をした。

加害生徒とその保護者への警告の詳細は次の通りである。

①自分はふざけただけのつもりでも、相手が苦痛に感じることを継続的に繰り返せば、れっきとしたいじめである。

②同様にふざけただけのつもりでも、殴る蹴るは暴力行為の範疇であり、痣が残れば傷害とな

り、極めて罪は重い。

③いじめが原因で被害者が不登校や退学にでもなれば大問題であり、加害者にもそれに見合う重さの厳しい指導を行う。

④今回は厳重注意にとどめるが、もし今後いじめの事実が発覚した場合は、内容もさることながら、学校の指導に従う意志がないと判断し進退を問うことになる。

例のアパートの母子は最初とぼけたような態度だったが、学校側の迫力・真剣さを感じたのか、途中からはしっかり話を聞き、いじめの否定や反論はしなくなった。

さて、両名はこの後しばらくおとなしくしていたが、約半月後、体格のよい生徒の方が再度同級生にいじめをしたり、教師への不遜な態度をとったり、腹いせにロッカーを蹴飛ばしへこませたりしたこと（器物破損）が明らかになり、我々は約束通り進退を問うた。

本人は身を引くことも真剣に考えたが、結局残れる最後のチャンスとして厳しく長い謹慎指導を受けて頑張った。しかし残念ながらこの男子生徒は、復帰して一年もしないうちに学校への興味が失せたことで、一方アパート強制退去の男子生徒の方は年度末の成績不良が原因で、それぞれ自主退学した。

ファイルNo.11　授業崩壊の連鎖

ある教育困難校でのこと。入試で大幅な定員割れを起こし、再募集しても定員が埋まらない年度があった。彼らが入学して一ヶ月ほどたった頃、当初から心配していた事態が表面化した。どのクラスでも、あからさまに教科担当者（特に女性教員や講師）の指導に従わない生徒が恒常的に出現する授業崩壊が、次々と起こり始めたのである。

前述のとおり、教育困難校では一部のワルでも放っておくと、中間層があっという間に悪いほうへ引き込まれ、ワルが多数派になってしまう。このまま手をこまねいていれば、ワル達に学習権を侵害され、いじめられた真面目な生徒達のほうが、先に学校を辞めてしまうことになる。実際すでに一部の生徒から嫌がらせの訴えが出始めている危機的状況だった。

私は直ちに学年主任に、一年生が受けている全授業について、教科担当者の指導に従わなかったケースの具体的内容とその問題行動を起こした生徒を、すべて漏らさず紙面にまとめて報告するように指示した。数日後寄せられた情報は、私の予想を上回るおびただしい件数に及んだが、その主なものをここで列記してみよう。

・授業担当教師の口まねをする。「やめろ」と注意すると、今度はそれをまねる
・授業途中無断退室を複数回繰り返す。様子を見ると廊下に座り込んで話をしていた

・授業中いつもガムをかんでいて、注意をしてもやめない
・やる気がまったくなく、居眠りや携帯操作を再三注意するが、そのたびに「うるせえ！」と反発した
・他の生徒に「俺をいじめて」と書かせ、同級生の背中に貼り付けてからかった
・授業中勝手に席を替わり、注意されても戻らない
・チャイム後なかなか教室に入らず、注意すると不遜な態度を示して応じない
・同級生女子の背中に針を投げ、実際セーターに刺さったこともあった
・学校でのいたずらや授業妨害の様子を家庭に連絡すると、「なんで家に電話したんだ！」と詰め寄ってきた
・定期テスト受験時、半分も経たないうちに退室し、二〇分以上トイレにいた。続いて仲間二人も退室し、皆で図書室に入り込み注意を受けた
・授業中同級生に対し、消しゴム・ペンシル・丸めた紙をぶつけたり、チョークの粉をつけた手でわざと背中を叩いたりした
・休み時間（時には授業中も）、同級生を数名で取り囲み、怒鳴ったり威圧した
・私語が多く何度注意しても話を止めず、指示された作業もしなかった
・女性教員の指導に対し、「バカ」「ブス」と何度も暴言を吐いた
・授業中二人で、授業担当教員をからかう暴言を、大声で一〇回ほど繰り返した

・球技大会中、スティックを振り回したりぶん投げたりして、非常に危険だった
・球技大会中、無断でコート内に入り込み、つばを何度も吐き捨てた

これら一連の授業妨害や危険行為の主犯格三人は、注意された回数・内容とも突出していたため、私はこの三人についてすぐさま指導の必要があると判断した。

生徒課・学年部協議の結果、まず教頭・生徒課長が保護者同席の上、本人を厳重注意することになった。実は特定生徒へのいじめも何件か報告されたのだが、前述のように学校現場におけるいじめの解決は一筋縄には行かない。幸いにも今回は被害生徒にとってまだ深刻な状況ではなかったこともあり、リスクを冒すよりは一度恩を売る形でいじめの加害生徒に警告を与えるとともに、二度と繰り返さない約束をさせるほうが、今後の指導もやりやすいと判断した。

しかしこの時、私は本人・保護者への抑えを決して忘れなかった。親の前で意識的に本人を厳しくしかりつけ、今後絶対いじめや教師への反抗的態度はとらない約束をさせた。実はその時一番反応の早かった番長タイプの生徒は、

「おまえは今度こんな問題を起こしたらどうするつもりだ！」

私がドスの利いた声で叱責したら、

「は、はいっ、学校を辞めます」

私は退学などと一言も口に出していないのに、なんと自分のほうから自主退学を約束したの

だった。

結局この三人のうちの一人は、約二ヵ月後喫煙が発覚し、本人・保護者とも納得の上で自主退学した。後の二人は特に大きな問題は引き起こさなかったが、学校への興味関心がうせてしまい、年度末までに両名とも自主退学していった。

何度も言うが、これが超教育困難校の実態なのである。

4 窃盗・喫煙の珍ケース

ファイルNo.12 奇妙な財布紛失事件

やはり教育困難校でのことである。ある日の放課後、一年生の男子生徒が「財布をなくした」と申し出てきた。彼が直接私の所へ来たのは、生徒課長だからというよりも授業担当者で気安かったからであり、その時点では生徒も私もそれほど深刻な問題とは思わなかった。

しかし、話を聞いていくうちに奇妙な事実がわかってきた。彼は定期券をいつも財布に入れていたから、当日駅の改札口を無事通過できたということは、登校した時点で財布を所持していたのは疑いがない。また彼は財布をいつも上着の右脇ポケットに入れているというのだが、その日は体育の授業がなく、昼休みに購買で買い物もしなかったというのだ。つまり放課後まで一度も上着を脱ぐことも、財布を取り出すこともしなかったのだから、財布がどうして消えたのか、まさにミステリーである。

私は彼のきまじめな性格と確かな記憶力から、在校中誰かにポケットから抜き取られた可能性はないかと推測した。そこで今日誰と一緒にいてどんな行動をとったのか、彼から詳しく聞きだした。するとクラスの男子生徒三名と、休み時間に教室近辺でじゃれ合っていたことがわかった。気になった私がさらに突っ込んで聞くと、彼らから何度かふざけて抱きつかれたり、その一人（L男とする）から、

「ポケットの上縁部分は、外に出さず中に入れるのが常識だ」

と言われたりしたという。私はその時「これだ！」と思った。つまり、L男達3人が意識的に被害生徒との密着状態を生みだし、計画的に財布を抜き取ったのであろうと。しかし残念ながら被害生徒の記憶だけで、具体的な証拠がまったくない。

どうしたものかと方策を考えていたら、彼の訴えから約一時間後、警察署の拾得物係から、被害生徒の定期券が入った空の財布が警察に届けられたという連絡が入った。まさに天の助けである。早速警察署へ受け取りに行き状況を確認したら、午後三時三〇分頃たまたま通りかかったおばあさんが、道路脇の側溝に落ちていた財布を発見し、警察に届けてくれたという。

私は学校に戻るとすぐに加害の疑いがある同級生三名のその日の動向を担任から聞きだしたのだが、全員が早退しており、発見時刻以前に現場を通過するのは時間的にも可能であること

がわかった。そして彼らの自宅位置を地図で詳しく調べていくと、L男の帰宅ルートが財布発見場所とほぼ重なることが分かった。

翌日私は無断早退を理由に三人の事情聴取をするように、一学年主任と生徒課職員に指示した。そして三人の帰宅ルートを個別に調べたところ、皆方向が違うため途中で分かれて帰宅しており、発見現場付近はL男一人だけで通過したことが確認できた。三人の証言には整合性があったため、いよいよターゲットはL男一人に絞られた。私は腕利きの生徒課職員（前述のa教諭）に、財布窃盗容疑でL男の事情聴取を頼んだ。さすがに彼は私を信用しながらも念を押した。

「本当に厳しく追及してもいいんですか？」

私は首を縦に振りながら、

「万が一違っていたら当然俺が責任をとるから心配しないでくれ。だが、まずL男に間違いないよ」

と自信たっぷりに答えた。

こうしてL男の聴取に入ったのだが、最初は予想通りしらを切って認めようとしない。そこで演技力抜群のa教諭は打合せ通り、〃警察証拠品〃と朱書きで明記し、透明のビニール袋に丁寧に包まれた被害生徒の財布をおもむろに取り出し、彼の目の前にポンと置いた。

その瞬間L男の驚いた顔といったらなかったらしい。「どうして捨てた財布がここにあるんだ！」といったところだろうか。彼は目が点になり顔から血の気が引き、観念してうなだれたのだった。

この事件が一気に解決をみたのは、盗難品そのものをすぐ発見できたことが大きい。しかし被害生徒に過失の可能性がほとんどなく、届け出の当日に盗まれた可能性がほぼ一〇〇％だったことで、早い調査段階から対象生徒を絞れたことも大きな要因であった。

ファイルNo.13　自転車シール破棄事件

同じ高校での出来事である。ある日の放課後、一学年の担任が私の所にやってきて、「こんなものが教室のゴミ箱に捨ててあったのですが……」と言いながら、市内他高校の剥がされたような自転車許可シールを私に差し出した。その許可年度とシールの新しさから、私は直感で「うちの生徒が自転車を盗んだのではないか？」と思った。つまり駅駐輪場などで他校生の自転車を盗み、証拠隠滅をはかるため、シールをはがしてゴミ箱に捨てたと推測したのである。

早速該当校に電話し、シールの番号に当たる生徒が自転車通学をしているか、なおかつ自転車を盗まれていないか調べてもらったが、読みどおりだった。自転車は甲駅で盗まれたらしく、すでに警察に被害届も提出されていた。

この情報を受け、私は早速犯人を特定する調査に入ったのだが、シールが教室内のゴミ箱に捨てられていたことから、発見した担任のクラス内に犯人のいる可能性が高いと思われた。幸いにも私はその該当クラスの授業を担当していたため、生徒個々の様子もある程度つかんでいた。

クラス名簿をじっくり眺めると、住所から甲駅を利用して通学していると思われる生徒は三人に絞ることができたが、そのうち一人の男子生徒（M男とする）の名前が目に留まった。いきなり生徒を疑うようで悪いのだが、これも長年生徒指導に携わってきたカンというものである。しかし当然ながら推測だけで、いきなりM男を呼び出して「おまえ、自転車を盗んだだろう？」とストレートに追及したところで、正直に話す可能性は極めて低い。それどころか場合によっては犯人扱いされたと言って、保護者共々訴えてくることも考えられる。

私はまず様子を伺うため、学年主任に頼んでM男の聞き取りをしてもらった。他校のシールが教室のゴミ箱に捨てられていたことへの心当たりはないか尋ねてもらったのだが、予期したとおり彼は何も知らないと言う。学年主任にその時の表情やしぐさなども細かく聞いてみたが、特に怪しい兆候は見られなかったという。

そこで私はある作戦を胸に秘め、再度M男の事情聴取を行うことにした。まず他校生の自転車が甲駅で盗まれ、そのはがされたシールが、本校の教室のゴミ箱から見つかった経緯を詳しく説明したうえで、次のような可能性を示唆した。

「どうもシールがゴミ箱に捨てられていた状況からみて、うちの生徒が盗んだ可能性が高そうなんだ。おまえも甲駅駐輪場使っているよなあ。実はおまえの友達や知り合いにいるんじゃないかと心配しているんだ。盗まれた生徒は警察に被害届を出してあるというので、俺は早いうちにこれを警察に届けなきゃならんのだよ」

そう言ってビニールできちんと覆った上、「警察提出用」と朱書きした自転車シールを、おもむろに彼の目の前に差し出しながら、私は困惑した表情を浮かべて話を続けた。

「提出しちゃうとその証拠を元に警察が犯人逮捕に乗り出し、学校は何もできなくなってしまうから俺も困っている。犯人の指紋も付いているだろうしなあ……、猶予も一、二日しかないんだ。M男、もし心当たりの人物がいるようなら、俺がこれを警察へ提出する前に自分から申し出るように言ってくれるか？　頼むぞ」

とM男を信用するふり（演技）をしたのだが、その時彼は表面的には動揺を見せず、私の話をうなずきながら聞いていた。

約一五分ほど一方的に話してそのまま帰したのだが、私の読みはズバリ的中した。その日の夜、M男自ら「自分が自転車を盗んだ」と担任に電話をかけてきたのだ。自首したのだからその後の事情聴取は短時間で済み、保護者への説明、被害生徒の学校や警察への連絡・謝罪などの事後処理もスムーズだった。

生徒自身に認めさせる

教育現場において直接教師が加害者を特定し、指導を加えることが難しくなっているのは、少年法に基づく人権配慮の壁が根底にあるのはもちろんだが、誤認や事情聴取方法の問題（自白の強要など）、聴取時の環境（部屋の状態や聴取時間）、成績不振や素行不良への偏見等について、保護者やマスコミ・世間の厳しい目があるからだ。ほぼ犯人に間違いないという状況であっても、証拠や証言だけでなく生徒自らが罪を認めなければ、保護者が納得しないケースは確実に増えている。

もちろん一貫した指導方針は大事なことであるが、かなり確信がある場合でも本人がすぐに自供しそうもない時は、具体的で確実な証拠をつかんでいない限り、早く解決しようとあせってストレートに追及しすぎないことである。

中高校生の場合、いきなり核心を突きすぎるとキレて開き直られたり、貝のように口を閉ざされたりして、にっちもさっちもいかなくなることがある。それよりこちらが気持ちに余裕を持って、この事件のように生徒自身に考えさせたり選択させたりする時間を与えながら、自然に自白するように導くほうが結果的に早く解決しやすい。しかもこのやり方なら体罰等の危険も少ないのは、指導に当たられている先生もお分かりだと思う。

ファイル№14　教室での窃盗予備

このケースは窃盗にまでは至らなかったが、印象の強い出来事だったので紹介したい。五時間目のチャイムが鳴ってしばらくした頃、ある男性教員がたまたま二年生教室の廊下を通りかかったところ、二人の男子生徒が体育の授業で空になった他のクラスの教室内をうろついていた。授業中なのでその教員は生徒に声をかけ、勝手に教室へ入ることを注意した上で、すぐに授業を受けるように指示した。教員経験の浅い彼は、この時さほど問題のある行動だとは思えなかったようだが、律儀にもこの件を私に報告してくれた。

話を聞いた私は直感で、これは示し合わせた窃盗計画だと思った。そのまま帰したらうやむやになってしまうため、放課後二人を呼び出し、すぐに事情聴取を開始した。どうして計画的なのかといえば、他のクラスの無人教室に勝手に入る場合、教科書や体育着を忘れ、あわてて友達などからちょい借り（無断借用）するケースが一般的だが、その時友達の座席はだいたいわかっているから、単独で迷わず目的の席に行き必要品を持ち出すはずである。もちろん無断借用も厳密には窃盗の罪にあたるが、場当たり的でほとんど計画性はない。ところがこのケースのように二人してきょろきょろと探し回る行動は、ただ教科書等を借りるにしてはあまりにも不自然なのである。

この二人をN男、O男としよう。最初N男は煮え切らない態度でのらりくらりとかわしていたが、O男は私のしつこい追及に途中から顔色が変わり、真剣かつ神妙に私の質問に答えるようになった。そして当時の行動を少しずつ正直に話し始め、ついには財布（現金・カード）を盗ろうとして教室に入ったことを認めた。このO男の証言をもとに、今度はN男を追及して二人の窃盗計画を自白させることができた。

確かに犯罪が実行されたわけではないが、余りにも計画的で大胆だったので、生徒課としては彼らに何らかの教育的な指導が必要であると判断した。そこで両親を呼び出して私が状況を説明したところ、両家庭とも生徒が盗もうとしたことは認めたのだが、N男の父親は盗んでもいないのに指導が厳しいと反発した。実は我々の目算でも、実際に窃盗は実行されていないので、最終的な落としどころは短期の謹慎指導と踏んでいた。ただ彼らが二度と犯罪に手を染めないように危機感を持たせたいと考え、私がかなり厳しめの説諭をし、それを受けて学年主任が生徒・保護者に助け船を出す作戦だった。しかし、私の話が終わらないうちに父親が反発し、俗にいうキレた状態になった。その時保護者を納得させようとして焦った私は、思わず次の言葉を口走ってしまった。

「確かに盗ってはいないけど、これは明らかに未遂ですよ」

ところが法的に見た場合、これは「未遂」ではなく、その前段階にあたる「予備」なのである。「未遂」とは犯罪の実行に着手したものの失敗（中断）に終わった場合であり、今回のケースは犯罪を実行に移すための準備行為である「予備」の域を脱しているとはいいがたく、そこを母親に指摘された。母親は詳しい法律的知識を持っていたというより、感覚的な疑問からくるものであったと思うのだが……。最終的には学校で面倒をみることは決まっていたので、私はそれ以上話を続けることを諦め、学年主任にバトンタッチした。

こうして両名とも謹慎指導に入ったのだが、私は親の態度に腹を立てながらも自分自身のうかつなミスを反省していた。しかし問題行動を矮小化しようという態度をとったN男本人と親は、罰が当たる運命だったのだろうか。その後謹慎指導を担当した教員がN男の指導中、通学バッグのポケットにたばこらしきものがあることに気づいた。そこで謹慎中を理由に持ち物検査を実施することにし、N男自身の手でバッグ内の荷物をすべて机の上に取り出させた。当然ながら途中でたばことライターが出てきたのだが、その時N男の演技力は俳優顔負けのすばらしいものだった。

「おー、なんだこれは？　はめられたァー」

と、さも自分は全く知らなかったかのように教員の前であからさまに驚いて見せたのである。「自分のものではない、誰かにはめられたんだ」と言い張るので、しばらく押し問答した後、その教員は最後の勝負手に出た。

「じゃあ、警察で調べてもらおうか。君の言うことが正しいのなら、君以外にもう一人別人の指紋があるはずだ。それを証明しようじゃないか」

と言ったら、さすがのN男もついに観念して、ついに自分の所持品であることを認めた。

今度ばかりはN男の両親も、謹慎指導中の出来事であるだけでなく、前回子供擁護のために強気な反論を繰り返したことによるばつの悪さもあったのか、あっさりと退学願いを提出し、N男は学校を去っていった。

タフに生きるための処世術

さて、この事件で指導を受けた二名の生徒は好対照であった。O男は、正直に自白し罪を悔い改め、謹慎指導も無事クリアした。その後彼は学校生活において小さな問題は一、二度起こしたが、我々を信じて指導・注意にはきちんと従い、めでたく高校を卒業した。かたやN男は前述のように親のクレームがある程度成功したためか、その後高校を甘く考えるようになり、我々の指導に真剣に従わず墓穴を掘ってしまった。

ところで現代は「人権」「平等」が声高に叫ばれる時代であるが、人生において「結果完全平等」は不可能である。収入も地位・役職も格差があって当然であり、就いた会社（職業）で将来組織のトップになれる可能性がある人物は、極めて少数だろう。裏を返せば圧倒的大多数の人は、すぐ周りに自分よりも強く権力を持った人間、従うべき人間がいるということだ。

私は生徒にこういうシビアな現実を自覚させることが極めて大切だと思っている。信念を持ち、前向きに取り組みながらも、時には自分を抑えて我慢したり、相手に気を遣ったりしながら生活する処世術（単なるごますりではない）を身につけられれば、人生タフに生きていけるようになる。私の勤務した教育困難校では、社会の土台を支えるような仕事につく生徒が多いため、生徒指導などを通して、世の中をたくましく生きていけるような教育をずっと続けてきた。

ファイルNo.15　集団喫煙もみ消し事件

ある日の午後、近隣住民から学校に、

「おたくの男子生徒らしき数名が、しょっちゅう○○アパート裏の空き地にたむろしてたばこを吸っている。近所迷惑なので指導してほしい」

という電話が入った。早速たむろしていそうな時間帯を見計らい、ある生徒課職員が他に都合のつく教員がいないため一人で出かけた。

現場に着くとまさしく男子生徒らしき六、七名が集まってたばこを吸っているところだった。教師は声をかけてその現場を押さえ、一人ずつ自分の口からクラスと氏名を言わせた後、携帯電話で私に、

「喫煙生徒を捕まえたので今から学校に行かせるが、人数が多いので教頭にも事情聴取を手伝ってほしい」

と連絡をよこした。そこで私は準備をして待っていたが、三〇分たっても一時間たっても一

向に誰一人として現れなかった。私はその時点で「奴ら逃げたな」と思った。

通常は校外で不法行為等の現場を押さえた場合、教師は生徒を逃がさないために、直接学校へ引き連れていくのが生徒指導の鉄則である。しかし、処理にあたった教師は一人だけだったので、彼が先に戻って状況報告と事情聴取のセッティングをしなければならなかった。だから現場で顔を見ながら一人ひとりの名前を確認し、その情報を私に報告したのである。

実は今回の事件に限らず、この高校の生徒指導体制が前任校と違い、組織的に整っていないことも解決を遅らせる要因だった。だから私はこの生徒課職員を責めるつもりはないし、むしろ大変な状況の中で精一杯やってくれたと思っている。

話を戻すが、結局喫煙していた生徒達はその日誰も学校へ来ることはなかった。そこで私はすぐに生徒課と協議し、該当者を呼び出して事情聴取するように指示した。もちろんしらを切るに違いないことを予想して。該当生徒の事情聴取が始まったが、皆口を揃えたようにアパート裏の空き地に入ったことはないし、たばこも吸っていないという。これは想定内の言動であり、逃げた時点で口裏合わせをしていたからだろう。

そこで我々は次の手をうった。現場を押さえた生徒課職員が直接該当生徒に会い、事実を認めさせる方法である。早速その教師はすべての容疑生徒と個別に面談・聴き取りを行ったのだが、何とメンバー全員が、

「先生は知らないし、自分は一度も会ったことはない。名前は同姓同名の別人か聞き間違いで

はないのか？」

ととぼけたのである。さすがに教師はあきれながら、

「おまえ、おれと話をしたし、名前も自分から言ったじゃないか！」

と語気を強めても、誰もが知らぬ存ぜぬであった。

調査はまったく手詰まり状態になったため、多少でしゃばるが前任校生徒課長の経験を生かして直接私が助太刀するしかなかった。もう一度喫煙者リストを眺めたところ、二名ほど授業等で面識がある生徒がいた。私はそのうちの落としやすい（自白しやすい）生徒に照準を定め、早速事情聴取に呼び出した。やはり最初はとぼけて今までの繰り返しだったので、一通り彼の言い訳を聞いた後、私は次のように話を切り出した。

「そうか、おまえはあくまでも吸っていないと言うんだな。困ったなあ、捕まえた生徒課の先生も顔をしっかり見ていて、確認した名前とも一致するから絶対人違いではないと言っている。でもどちらかが嘘をついているんだよな？　おまえがその現場にいないし、たばこも絶対吸っていなければぬれぎぬ着せられているわけだろ、名誉毀損だよな？　その先生を訴えたらどうだ？　相手も絶対引かないようだし、このままではいつまでたっても平行線で終わらないぞ。出るところへ出て決着つけた方がいい。なっ、訴えろ！」

するとと彼は困惑したような表情に変わり、何もそこまでするつもりはないという。しかし私がその先生は絶対引かないことと、白黒つけるしか方法がないことを繰り返し強調すると、み

料金受取人払郵便

神田支店承認

5125

差出有効期間
平成26年５月
31日まで

郵便はがき

101－8791

507

東京都千代田区西神田
2-5-11出版輸送ビル2F
共栄書房　行

お名前《ふりがな》 お電話
ご住所（〒　　　　　　　　） （送り先）

◎新しい読者をご紹介ください。

お名前 お電話
ご住所（〒　　　　　　　　）

愛読者カード

このたびは小社の本をお買い上げ頂き、ありがとうございます。今後の企画の参考とさせて頂きますのでお手数ですが、ご記入の上お送り下さい。

書 名

本書についてのご感想をお聞かせ下さい。また、今後の出版物についてのご意見などを、お寄せ下さい。

◎購読注文書◎

ご注文日　　年　　月　　日

書　　名	冊　数

代金は本の発送の際、振替用紙を同封いたしますので、それでお支払い下さい。
（２冊以上送料無料）
なおご注文は　FAX　03-3239-8272　でも受け付けております。

るみる涙目になってうつむき始めた。その様子をしっかり確認してから私は優しく助け船を出した。

「もし引っ込みがつかなくて困っているようなら俺が助けるぞ。おまえが最初に口を割ったことは絶対言わないで、他のメンバーに自白させていくから」

そう話したら、彼は顔を上げてすぐに反応した。

「先生、本当に大丈夫ですよね？　僕恨まれたくないですから」

ここまでくればもう自供したのも同じである。彼を守ることを約束すると、その直後ついに生徒課の先生に喫煙現場を見つかり、注意・指導された事実を認めたのだ。一人が口を割れば喫煙隠蔽の結束は一気に綻びる。

こうして僅か一日で全員が自白し、集団喫煙もみ消し事件は無事解決した。とにかく今の子供達は、目先の損得にとらわれて、ばれなければ嘘をつき続けることが多くなった。現場を押さえてもこんなケースがあるのだから、大変な時代になったものである。

5　番長vs教師

皆さんは授業態度や教師に接する態度の悪い生徒をどう思われるだろうか？

これについてもおそらく一般的には、自分の出身校やお子様の通われている学校を基準にするのではないだろうか。全体的に学習意欲溢れる生徒集団であれば、仮にその中の一人二人が反抗的な態度を取ったとしても、全体に与える影響は少ないだろう。場合によっては仲間の生徒がいさめたりするし、逆にそんな態度にさせた教師側の対応のまずさにも原因があるかもしれない。

ところが教育困難校と呼ばれる高校の現実は、世間一般の方の想像を絶するほど厳しい。年度当初、特にワル集団のわがままや横暴を許してしまうと、たちまちその行為ががん細胞のごとく増殖し、ファイル№11のように短期間にその授業集団全体の収拾までつかなくなる。つまり、俗にいう「授業崩壊」はいつでも簡単に起こりうるのだ。

このことに対し一部の有識者の方は、「それは先生の授業に魅力がなく、生徒を惹きつけられないからだ」と言われる。確かにそれは授業改善という尺度からはもっともな話だが、現実とはかけ離れたいわゆる絵に描いたモチである。もちろん教育困難校の名誉のため、勉強や部活に一生懸命取組む真面目で優秀な生徒が一定数いることも知ってほしいのだが、残念ながらかなりの生徒達は元々勉強がしたくないか、勉強に集中することができないのである。授業時間（五〇分間）集中力が持続できないどころか、自分の席にじっと座っていられない生徒すらいる。彼らの興味はほとんど音楽、芸能、ネット、ゲーム、異性など遊びの話題であり、教師がいくら教材や教授方法を工夫し熱弁を振るおうとも、生徒はなかなか興味を示さない。

また彼らは教師がどんなに優秀な人間であっても、そのことにはほとんど関心がない。彼らは学歴等で人を評価・尊敬するのではなく、前述のように「自分より強いか弱いか」で相手を評価し位置づけるのである。

こういった生徒の思考・行動パターンが理解できれば、時には授業の進度や内容を無視して自分自身の体験や哲学、生き様を本音でぶつけたほうが、かえって生徒の心をつかみ、やる気にさせやすい。

また生徒と教師は立場が違うことをしっかり認識させないと、授業はいとも簡単に崩壊する。誤解しないでいただきたいが、立場が違うとは教師が偉いからではなく、生徒を教えることが仕事なのだから、学校のルールを守らせ秩序を維持する権限（権力）を持つべきだという意味である。どんなに模範的な優等生でも、嫌いな先生が一人もいないことは稀だし、好きな先生と一〇〇％波長が合うことも珍しいだろう。だから教師は好き嫌いとルールとを明確に区別した上で、生徒に対し違反を黙認せず、駄目なものは駄目という毅然とした態度で公平に接する必要があると思う。

ワル達の傾向と対策

また高校生ワル仲間の力関係や習性も大変興味深いものがある。我々は事情聴取などでワルを追及する時、

「おまえは中学校の時、何番目（ナンバー〇）だったのか？」

という聞き方をよくする。これはワル達の校内・校外での力関係をいち早く掌握し、迅速に効果的な生徒指導を行うためである。

それにしても知れば知るほど彼らの習性は面白い。ワル達の動物的感覚たるや実に鋭く、相手（敵）が自分より上か下かをすばやく判断し、態度を豹変させる。この上下関係を決めているのは統率力、腕力（体力）、人望、度胸などである。意外に思うかもしれないが、リーダーのワルほど自分より上だと察知した相手には素直に従う。幼稚でわがままな生徒は自己中心的で上下関係に疎く、平気で一番強面の教師に逆らって怒りをかうことがあるが、番長クラスの生徒なら、教師が自分より上と判断するや迷わず従属を選択するわけで、そんな場面は私が勤務した高校でいくらでも目にすることができた。

ある超教育困難校では毎年かなりの問題児が入学してくるため、入試の合格者発表後、新入生すべての出身中学に連絡を取り、中学校時代の問題行動など、気になる点について情報収集するのが慣例となっていた。もちろん中学校時代に何があろうと、めでたく入学となれば過去は問わないわけで、例えば新入生に万引きの癖がある生徒がいた場合、更衣室等の整備や体育授業時の空き教室巡視をこまめに実施するなど、あくまでも高校での犯罪等の未然防止や、生徒の行動パターン把握のためである。

しかしまあ、受検前には何の相談もなかったのに、中には日頃の恨み辛みをはらすかのように、あれもこれもと入学生の問題行動を指摘してくる中学校もあった。私の勤務校は各中学校の番長クラスが何名も大手を振って入学してくる高校だったため、当然対教師暴力、傷害、バイク窃盗・乗り回しなど何ら珍しいことではなく、毎年要注意人物リストは数十名にもなったと思う。

ところで我々はワル達を従わせるには、まずこちらが先手を打ってリーダー（ナンバー1）を抑え込むことが最も有効かつ合理的であると考えており、実際にそうして成果を上げてきた。ワル集団の上下関係ははっきりしており、子分達はボスの言動には逆らえない。番長より教師が上だという状況を目の当たりにすれば、彼らは我々の指導に対して素直に従う道を選ぶのである。それでは以下、番長が起こした暴力事件を中心に紹介する。

ファイルNo.16　番長P男

P男は某市内中学の番長であり、中学校時代、対教師暴力を起こしていた。私は入学当初からP男が新入生ワル集団の核になると見て、彼を直接指導できるきっかけはないかと探っていたのだが、そのチャンスは意外に早く訪れた。

部活登録期限が迫った四月中旬に、P男はある文化部の見学を申し出たのだが、顧問教師から定員オーバーを理由に入部を断られた。すると彼はその腹いせに教室を出る時、外から鍵をかけて先生と部員を中に閉じこめてしまった。困った顧問が準備室から私に電話をかけて助けを求めたため、すぐに彼の問題行動を把握することができたのだ。

さて鉄則（?）通り、先手必勝である。私は早速翌日Ｐ男を呼び出した。初対面の彼は不安な仕草をしながらも、若干おもしろくなさそうな表情を浮かべて入ってきた。私は即座にＰ男を正座させ、いきなり近くの椅子を蹴りとばしながら怒鳴りつけ、昨日の行為について激しく叱責した。彼は一瞬ひるみ、顔色が変わったのがわかった。こうなればこっちのもので、その後彼は真剣に私の話を聞き、素直に部活顧問への謝罪等の指導に従った。こうしてこの事件をきっかけに、彼は私の手のひらの上に乗る存在となった。

その後Ｐ男は一旦落ち着いたように見えたが、二ヶ月後、事もあろうに停車中の電車内で同校の先輩を殴りつけてしまった。よほど腹に据えかねたことを言われたのかひどく興奮状態だったようで、通報を受けて駆けつけた駅員が身柄を拘束し、学校にも連絡をくれたため、事件が明るみに出たのだった。

当然進路変更かどうかの瀬戸際であったが、退学したくなかった彼は素直に我々の言うことを聞き、厳しく長い無期謹慎指導を何とか乗り切った。

ところがその二、三ヶ月後、また新たな問題が浮上した。私が定期的な情報交換のため訪れた警察署の知り合いの署員から、

「どうもＰ男がバイクを乗り回し、中学校周辺でもたむろしているようだ」

というショッキングな情報を得たのだ。

私はすぐにＰ男の出身中学校に出向き、生徒課の先生に事の真偽を確認した。すると彼がちょくちょく中学校の校門付近にたむろしているのは事実で、彼らしき人物がバイクを乗り回している情報が入ったこともあったという。信憑性は高そうだが、Ｐ男はもう後がなく、今度問題行動で捕まったら学校に留まる事は難しい状況であるから、現場を押さえない限り彼が素直に事実を認めるとは思えない。我が生徒課集団の組織力なら、粘り強く張り込みをして現場を押さえることは可能なのだが、リーダー格でワルをまとめる力のあるＰ男は、学校にとってプラスになる面もあった。考えた末に私は、事前に警告を発することで思いとどまらせることができるかどうか、彼に最後のチャンスを与えることにした。

翌日私はＰ男を別室に呼び出し、警察情報を知らない振りをして、次のように間接的にプレッシャーをかけてみた。

私「Ｐ男、最近はどうだ、しっかりやっているか？」

Ｐ男「あっ、はい」

私「おまえは校内ではだいぶ落ち着いて生活できるようになったが、校外でも大丈夫だろうな？　わかっていると思うがおまえはもう後がない崖っぷちにいる。何かあったら終わりだ。知っての通り俺は○署、△署等警察関係に知り合いが多い。情報交換をした時、おまえの名前が出てくることはないだろうな？　例えばバイク乗り回しとか、盗みや暴力とか……」

Ｐ男「あっ、はい。だ、大丈夫です」（若干緊張した面持ちで）

私「それからなー、おまえの中学校の先生とも時々話すのだが、だいぶ気にかけ心配してくれている。中学校の先生にも迷惑をかけるようなことはしていないだろうな?」
P男「ええ、そんなことはしていません」
私「ここまで我々がおまえの面倒を見てきたことはわかっているな? もしおまえが裏切ったら、つまり何か問題を起こしたら俺が絶対許さない。アウトだ! 自分が置かれている状況を片時も忘れずに慎重に行動しろよ」
P男「わかりました、約束は守ります」
この後、P男がバイクを乗り回しているという情報は、警察その他から私の耳には入ってこなかった。推測ではあるが、彼なりに「やばい!」と感じて踏みとどまったのかもしれない。
その年度末私は転勤となり、しばらくP男の動向が気になっていたのだが、二年後、当時の同僚から卒業できたことを聞き、「P男、よく頑張ったな」とほめてやりたかった。また彼の努力とともに、勤務校の先生方が指導を諦めず、常日頃から警察・地域との協力関係を築いてきたからこそ、P男を卒業させることができたのではないかと思う。

ファイルNo.17 授業中の大暴れ

別の教育困難校でのことだが、喫煙同席などで指導を受けたことのある男子生徒(学年の要注意人物、Q男とする）が、ある時校内でキレてしまった。六限の授業が始まってしばらくした時、同級生の男子生徒がふらふらと廊下を歩いて隣の教室をのぞいたため、Q男は廊下に出てその同級生を呼び止め、「何やってるんだ、授業に出ろ」と言いながら拳で胸と腹を殴った。すると相手が「何をするんだ」という表情で見返したため、頭にきた彼は大声を張り上げ壁に押しつけ蹴りを入れだした。この異変に気づいた担任が止めに入ったが、興奮状態のQ男はまったく聞き入れないで殴り続けた。今度は隣のクラスの授業担当教師が止めに入ると、完全にキレていた彼はその教師に対し、

「てめえは誰だ？　おまえは関係ねえ、消えろ！　殺すぞ！」

と罵声を浴びせた。それでも教師は止めさせようと間に入って引かなかったため、彼は大声を上げながら、教室側廊下の木製の壁を拳で思いきり突き、壁板に大きな穴を開けた挙げ句、勝手に帰ってしまった。

学年主任から報告を受けた生徒課長と私は、早速止めに入った教師、蹴りを入れられた被害生徒、近くで目撃した生徒や教員から事情を聞いた。被害生徒はQ男の仲間ではあったが力の差は歴然としており、普段よくからかわれていて、暴力をふるわれたり使いっ走りをさせられたりする隷属関係だった。今回はたまたま被害生徒の気分が悪かったのか、それとも我慢の限界を超えたのかは分からないが、Q男に対して反抗的な表情をしてしまった。それが彼のプライドを傷つけたのだろう。気の短いQ男は「せっかく人が心配して声をかけてやったのにおま

えは何だ！」とばかり一気に血が上ってしまい、殴る蹴るの暴行に及んだのだ。そこへ教師達が止めに入ったわけである。

さて、我々は事件の一部始終を確認した上で、加害生徒の一連の不法行為を検証した。①生徒への暴力傷害行為（被害者は指などを負傷）、②教師への暴言等威圧行為、③意図的建造物損壊行為がその罪状であるが、発生の時間帯や場所にもかなり問題があった。仮にも授業中の教室前の廊下であり、他学年の多くの生徒まで彼の大暴れに気づく状況だったのである。また今まで学年の指導にほとんど従わず、教師になめた態度をとり続けたことも危険視された。つまり今後彼が心を入れ替え更生する可能性はかなり低かったのである。

二～三日後、我々は母親と本人を学校へ呼び出して事実の確認と厳しい見通しを伝えると、Q男は一切反論することなく事実を認めた上で、やや悔しさはにじませたものの、保護者共々罪の重さをしっかり受け止め学校を去っていった。

ファイルNo.18　憎めない問題児

同じ教育困難校でのことである。R男は番長や典型的なワルのタイプではなかった。しかし勉強への意欲・集中力がほとんどなく、教師が注意をすれば調子よく返事をするのだが、軽く受け流したり平気で約束を破ったりするようなだらしがない生徒であった。定期試験ではまともな点数が取れないので、どの教科担任も赤点の課題や宿題を与え、きちんと取り組めば合格させるような温情をかけてくれたのだが、何度催促しても未提出か内容が不備だらけだった。これでは当然赤点解消などできない。

それでも一、二学期だけならまだ挽回のチャンスはあったが、彼は学年末試験でさえも、相変わらず取り組む姿勢に真剣味がなく、課題等の提出状況の悪さも含め、なんら改善が見られなかった。その結果R男は年度末多くの科目で修得不認定（評価1）となってしまった。成績会議でも厳しい意見が相次ぎ、実際留年（原級留置）となる可能性もあったのだが、ここは教育困難校である。毎年修得不認定候補者は到底一桁には納まらないレベルであり、みな一律に留年させたら県教委が仰天する数になってしまう。またR男は過去に大きな不法行為を起こしたとか、教師に挑戦的・反抗的態度をとり続けたわけではなく、更生の見込みがないとは言い切れなかった。結局学校は次のような二つの条件を付すことで仮進級を認めることになった。

①新学年の科目をしっかり勉強し、単位を修得するのはもちろんのこと、今年度修得できなかった科目を再履修し、卒業年度末には卒業要件を満たす単位数まで必ず修得すること
②問題行動（喫煙、窃盗など）を起こさないことはもちろん、校則をしっかり守って教師から指導を受けないようにきちんと生活すること

逆に言えば、①②が破られた時点で仮進級は取り消され、場合によっては学校に残れなくなる可能性もあるということだ。

さて仮進級後、最初はR男も神妙な態度でそれなりに頑張っていたように思うが、一学期も終わりに近づいた頃、再履修科目の進捗状況を確認した担任は唖然とした。定期的に提出しなくてはならない各科目のレポートが、月を追うごとにどんどん滞っていたのだ。このままでは年度途中で単位の修得をあきらめざるをえず、留年が確定し卒業延期となってしまう。

私は彼と面識があったため学年主任に頼まれて面接したのだが、R男は反省しているような顔つきはするものの、どこまで深刻に受け止めているのか半信半疑だった。そこで私はR男に危機意識を持たせるため、

「このまま真面目に取り組めなければ結局留年するから、早く退学して一からやり直したほうがよい」

と甘えを許さず、はっきり進路変更まで口にして、今後のことを真剣に考えさせた。

最終的にR男は「逃げないで真剣に授業に臨み、年度末には必ず単位を修得するだけでなく、今後生活態度には十分気をつけ、不法行為は絶対にしない」と自ら約束したため、私はまだかなり不安だったが、彼の意向を尊重して頑張らせることになった。

R男の裏切りと再出発

ところがせっかく軌道に乗りかけたと思った矢先に、またR男に新たな問題が噴出した。夏休みに入って間もない七月下旬、近所の住民から学校に、

「最近自分の敷地の隅に、高校生と思われる男子がバイクを無断で隠すように置いていって困る。何とかしてほしい！」

という苦情電話が入った。

早速、生徒課職員が下校時間に現場近くで張り込みをしていたところ、何と現れたのはR男であった。彼は成績不振者向けの補講を受けるため休み中も毎日登校していたのだが、ルーズな生活のため早起きするのが大変だった。R男はすでに無断で自動二輪の免許を取得しており、講習に遅刻して怒られるのがいやで、短絡的に自宅に置いてあるバイクにまたがり、違反通学を繰り返したのである。その事実を知った担任の落ち込みようはひどく、周りの教員が声をかけるのを躊躇するほどだった。僅か半月前にはあれほど真剣に決意し、危機感を持って頑張ってくれると思っていたR男が、いとも簡単に教師（学校）を裏切ったのだから、ショックを受けないほうがおかしいかもしれない。

この時点で私はR男がこの先学校を続けるのは無理だと思った。持っている資質といってしまえばそれまでだが、彼はいくら指導・注意を受けても、その場で多少の反省はするもののすぐに忘れてしまい、結局約束が守れなかったり、小さな障害すらクリアできなかったりするパターンをずっと繰り返していたからである。

担任が腹を割って今後の身の振り方を真剣に話し合ったところ、R男は自主退学する方向に気持ちが傾いていった。そんな切羽詰った状況下、R男からの頼みで私は二人で話をすることになった。もちろん私は情に流されて指導措置を甘くするつもりはなかったし、ここで温情をかけて高校に在籍させておくことが、長い目で見て本人のためになるとも思えなかった。

ただ彼の場合、大きな犯罪行為で一線を越えてしまったわけではなかったので、まだ自分自身で今後の進路を選択できる余地は残っていた。そこで私はまずR男に現在おかれている極めて厳しい状況をしっかり直視させた上で、これからの学校生活で訪れるであろう数々の障害・難題を考えれば、並大抵の頑張りでは卒業できないことを歯に衣着せないで説明した。そして最後に、学校を続けるのかやめるのか、数日間じっくり考えて結論を持ってくるように指示して帰したのだが、今まで何度も失敗を繰り返した経緯から、R男は八割方退学するのではないかと思った。

しかし、数日後登校した彼は、

「先生、もし最後のチャンスをいただけるなら、もう一度だけ死に物狂いで頑張りたい」

と謹慎指導を受け、卒業を目指す意思を表した。またいつもの調子のよさかとも思ったが、彼の表情をよく見ると、今までにないような覚悟を決めた眼の強さ、真剣さが感じられた。先ほど述べたように、私は学校を続けさせようとして意識的に彼を持ち上げたのではなく、現実を直視させるため厳しい話をしたわけだが、R男はシビアな話を聞いて「今度もまた逃げたら本当に自分は一生だめ人間になってしまう」と危機感が湧き上がり、困難に立ち向かう覚悟ができたのだという。結局学年主任・担任と私は、R男に騙されたつもりで最後のチャンスを与えることになった。

こうして謹慎指導が始まったのだが、何とか指導そのものはクリアすることができ、R男は平常の学校生活に戻った。その後の学校での様子を注意深く観察すると、今までとは違って彼なりに授業にも真面目に取り組んでいた。しかしながらこれまでの生活が生活なので、見違えるほど改善するまでには至らず、課題の提出が時々遅れたりテストの点数が悪かったりで、たびたび担当教師から指導を受けることがあった。それでも以前よりは我々の指導にも乗ってきたため、何とかぎりぎりのところで持ちこたえられたのである。

ところが安心したのもつかの間、二、三ヵ月後好きな女性が現れ、R男はすっかり周りが見えなくなってしまった。彼は彼女と一緒に生活するため、高校卒業の肩書きよりも働くことを優先すべきか悩んだ。実はこの時も彼の相談に乗ったのだが、世間体でものを言うのが嫌いな私は、あえて間近に迫った卒業だけに固執するような話はせず、

「彼女を選ぶのも人生、学校を選ぶのもまた人生だぞ。要はその人生を選ぶ時、自分にどれだけの覚悟と責任が持てるのか、ということだ」

とアドバイスした。するとR男はしばらく考えた挙句、将来自立した新生活を始めるためにも卒業を最優先にし、彼女との結婚は一定期間我慢して学校生活を頑張ることになった。

こうしてやっとのことで卒業までたどり着いたR男は、卒業式の後すぐに私のところへやってきて深々と頭を下げ、感謝の気持ちを伝えてくれた。その姿を見て普段は厳しい私も目頭が熱くなるのを抑え切れなかった。

ぐうたらな彼がこの先真っ当な人生を歩めるかどうか、まだとても安心できる状況ではない。しかし自分自身の決断と頑張りにより卒業できたことや、彼女を支え家庭を守ろうとする責任感から生活への自信が芽生えれば、ある程度の社会性と憎めない親しみやすさを持っているだけに、周りの人達に支えられて成長することができるかもしれない。さしあたり十年後あたりに彼がどんな人生を歩んでいるのか、ぜひ再会したいものである。

ファイルNo.19　女番長との不思議な縁

さて今度は特に印象の強かった女番長について紹介しよう。

ある教育困難校で入試時から服装や立ち振る舞いが目立つ女子生徒（S子とする）がいた。彼女はすぐに我々生徒課職員の「ブラックリスト」に載ったのだが、入試の成績はそれほど悪くはなく、無事（？）入学することができた。実はこの年、学校は内外の様々なトラブルに巻き込まれてしまい、S子がらみの問題も発生した。しかし私は違う学年だったため接点がなく、指導上彼女と接したことは一度もなかった。

ところが翌年度、偶然にも私はS子の地歴の授業を担当することになった。入学当初から彼女がこの学年の女番長になるだろうと睨んでいたのだが、生徒課長になった途端に顔を合わせたのは何かの因縁だったのかもしれない。S子は案の定、最初の授業中に私の様子をうかがっていた。私が予定通り（？）服装について注意した時、ほんの一瞬だが表情が変わりかけた。しかし、S子はすぐに、

「すみません、直します」

ときちんと謝った。前述のように番長になる人物は、相手（敵）との力関係を読み取るのが早い。S子は瞬時に「和田には逆らわない方が得だ」と判断したのだろう。

その後彼女は学校生活で時々目立つような行動はあっても、しばらく問題が表面化することはなかったが、五月末にS子を含む女子生徒間の勢力争い絡みの事件が起きてしまった。彼女が同級生二人と一緒に下校する時、少し前に教室内で財布を取られた女子生徒のことが話題になったのだが、そのうちの一人から、

「もしキャッシュカードが盗られたらどうなるかねー」

と聞かれ、S子は、

「使えばすぐわかるんじゃないの？」

と答えたという。ところが翌日になって、S子は自分のカードがすでに盗まれ、現金も引き落とされていたことに気づいたのである。頭に来た彼女はすぐに学校に連絡すると同時に、警

察へも被害届を出そうとした。本人から事情聴取をした我々は、状況から犯人が身近にいる可能性が高いと判断し、

「犯人が知り合いや同級生の可能性もあり、被害届を出せば学校の指導を越えて、警察に逮捕されるかもしれないがそれでもいいか？」

と一応S子に念押しをしたが、保護者共々取下げるつもりはなく、同日夕方そのまま警察署に被害届を提出した。私は警察署の生活安全課長に連絡を取り、同級生の犯行の可能性もあるので慎重に対応してほしい旨を伝えた。

ところが女番長S子はそれだけでは怒りを抑えられず、校外の男女友達と三人で目星をつけた女子生徒の家に押しかけ、「学校から何か言われていないか？」等直接プレッシャーをかけたり、彼氏の職場へ電話したりと、嫌がらせ行為を繰り返した。その後事件は監視カメラの映像等の証拠が決め手となったのか、加害生徒の保護者が来校して、娘と同級生の二人が警察署へ自首し、学校を自主退学する意志を固めたことを告げた。その時先ほどのS子の嫌がらせ行為を聞いた私は、すぐさま彼女を呼びつけ烈火のごとく怒った。

「おまえは何を考えている！　まだ彼女達が犯人と決まったわけではない。この段階で誹謗中傷すれば、脅迫や名誉毀損の罪になるぞ。それから学校が捜査状況を知っていて警察の手伝いをしているような言い方をするな。被害届が出されて警察（刑事課）が捜査を開始した以上我々は何もできないし、また勝手に動いて捜査の邪魔をしたら罪になる。彼女らが犯人と確定

すれば観念して自分でけじめをつけるはずだ。おまえがルールを守れないなら、俺は自分の学校の被害生徒とは考えない。相手から脅迫等で逆に警察に訴えられても助けないし、学校でも校則に当てはめ厳正に対処する！」

私の剣幕に押されたS子はさすがに「やばい！」という顔になり、その後の嫌がらせはなくなった。

さて、彼女はこの後しばらくおとなしくしていたのだが、約数ヵ月後、ついに校内で事件を起こしてしまった。ある日一年の女子生徒から、昼休み時間に男子トイレで女子の集団リンチがあったらしいという情報が寄せられた。すぐに被害者を捜したところ、一年女子生徒から申し出があった。彼女の話では、取り巻きの上級生女子五人に囲まれ、S子にトイレの個室に連れ込まれて暴力をふるわれたという。S子の彼氏（同学年の番長）に色目を使ったというのが制裁の理由らしかった。

この一年女子からの一方的な証言だけで、私は暴行が事実であると確信したのだが、その根拠となる理由は二つある。一つは被害生徒が、「平手で顔を二発、膝で腹部を一発、靴裏で大腿部に蹴りを一発やられ、『昔、彼氏のことで女を一人殺しかけた』と脅された」と言うように、被害内容を具体的に繰り返し食い違いなく説明できたこと。もう一つはS子が被害者より明らかに強い立場だったことである。

読者の中に教師の方がいたら、ちょっと頭の隅にでもとどめておいてほしい。問題行動などで生徒を事情聴取中、嘘を言っているかもしれないと思ったら、何度でも最初から最後まですべて本人に説明させ、食い違いがあればそこをしつこく追及するとよい。それを食い違いの度に繰り返せば、嘘ならしまいには説明できなくなるはずである。

話を戻すが、この一年女子生徒は何の証言のずれもなかったし、はるかに強い上級生の女番長を嘘までついておとしめようとしたら、どんな仕返しが待っているか想像がつく。だから私は彼女の証言は事実だと推定したのである。

ほぼ確信を得た私は学年職員にS子の事情聴取を頼んだが、天下の女番長がそう簡単に口を割るはずがない。そこで私はその職員にS子の暴力が事実である根拠を、前述の通り筋道立てて説明し、再度聴取にあたってもらった。職員の確信的な自信のある口調・態度が効いたのか、ついにS子は観念して自白した。その直後代わって部屋に入った私は、すぐさま彼女を厳しくしかりつけた。S子は泣きながら謝罪し、チャンスがあればもう一度頑張りたいと懇願した。

私はS子をすぐに信用したわけではなかったが、一人の人間としての弱さを見た思いがして、もう一度頑張らせてみたいという気になった。もちろん問題行動の内容からも、一発で自主退学を勧告するようなレベルではなかったため、謹慎となったのだが、彼女はその厳しい謹慎指導を見事に乗り切った。

S子の卒業と成長

その後相変わらず服装などで私に怒られることはあったものの、彼女は何とか卒業までこぎ着けた。実はその卒業式終了直後に思いがけないことがあった。職員室前の廊下で、S子が悪友二人と共に、私と一緒に写真を撮りたいと声をかけてきたのだ。私は多少面食らいながらも承諾し、カメラに収まった。

S子がなぜ嫌な煙たい存在であるはずの私に声をかけてきたのか、直接聞いたわけではないので勝手な推測ではあるが、一つには私に卒業できたことを見せつけたかったからではないか。つまり、我々（生徒課職員）は決して問題児をやめさせようとしていたわけではないが、外見上そう受けとられてしまう要素はあり、彼女らにすれば退学せずに卒業できたことは、我々との勝負に勝ったことになる。もう一つは「昨日の敵は今日の友」的な感覚であり、戦い終わってみればなぜか懐かしさや充実感がこみ上げてくるといった心境ではないのだろうか。これは私の勝手な解釈なので当たっているかどうかはわからないが、身体を張って本気に反省させようと指導してきた私にとっては、うれしい出来事だった。

実はS子との話はまだ続く。それから数年後、私はすでに別の学校に勤務していたが、ある時修学旅行の引率を終え、同僚の先生方と駅近くの居酒屋に入った。席についてまもなく右側から若い小奇麗な成人女性が駆け寄り、

「先生、ご無沙汰しています、私誰だかわかりますか？」

と声をかけてきた。振り向いた瞬間S子だとすぐにわかった。

「和田先生だって、すぐわかりましたよ。あんまり変わりませんよね。……それにしても高校の時の先生は本当に怖かったなあ」

と物怖じせずに話し続ける彼女を見て、私は内心うれしくなった。なぜかといえば高校時代恐れていた教師に出くわした時、まっとうな仕事・生活をしていなければ自分から声をかけてくることはまず考えられないからだ。

S子は暗に「どう？　今の成長した私を見てよ」と言っているのである。今後の彼女の幸せな人生を祈りたい。

6　高校生事件の総括

以上、この章では特にインパクトのある事例を紹介してきたが、印象的な事件はまだまだある。家庭謹慎中にラブホテルに行き料金をごまかして通報された男子生徒、半年近く偽装通学定期券を使った不正乗車を繰り返して捕まり、鉄道会社から八〇万円の大金を請求された男子生徒、校舎内の空き部屋で性行為を繰り返した男女、居酒屋で実名のまま接客アルバイトを行った女子生徒など、挙げればきりがない。

しかし、さすがにこんな特異な事件がしょっちゅう発生していたわけではない。そこで、高校生が日常的に起こすような事件や問題行動の一般的傾向を、章の最後にまとめておく。

①暴力、脅し、器物破損などキレるケース

血が上りやすいワル達はちょっとしたことでキレてしまうので、教師の熱い指導も危険と隣り合わせであり、特に面識がない生徒を指導する場合は要注意である。ただ高校は義務教育ではないため、教師へのあからさまな暴力は進路変更となる可能性が高く、さすがに発生頻度は低い。ただ、胸ぐらをつかむ、暴言を吐く、詰め寄り威圧する、睨みつける（ガンを飛ばす）などの行為は、教育困難校においては日常茶飯事といえる。

これが生徒同士となると、校内でリンチやけんかが発生する可能性は一気に高まる。中には授業中（自習時間）殴り合いになったり、クラスのボスが弱い生徒を陰で脅して同級生へのいじめを実行させ、自分は手を染めずその光景をニヤニヤ見て楽しんだりするような悪質なケースもあった。一般的には休み時間や放課後、トイレや敷地内の死角などに相手を連れ込み、暴力を振るうことが多い。校外では学校近くの公園や空き地がよく利用される。

②窃盗・万引き

学校内で特に多いのが、更衣室や授業の空き教室での財布や現金の盗難である。学校関係者としてはまことに情けない話ではあるが、例えば机やロッカーの上に、財布が丸見えになったフルオープンのバッグを置いたまま体育の授業に行き盗まれるなど、生徒の管理のずさんさや

自己防衛力の低さが助長している面もある。このため盗難は進学校だろうが教育困難校だろうが、学力や真面目さに関係なくどこの高校でも頻繁に発生しており、中には年間数十件もの盗難が発生した学校さえある。

盗む理由も多岐にわたっており、昔なら貧乏でお金がなく、欲しいものが買えないため人様の財物に手をつけてしまうような経済的理由が多かった。また、特定生徒をターゲットにした嫌がらせやいじめの一手段として行われることも昔からあったと思う。

しかし最近の窃盗・万引きの理由は「欲求不満・ストレス解消」「ゲーム感覚・スリル体験」「無意識の癖」など様々であり、外見だけでは誰が要注意人物なのかほとんどわからない。

ある高校の女子運動部の部室で四回も盗難が発生したことがあり、程なく怪しい人物はある程度絞れたのだが、中々尻尾を出さない。人権尊重の時代だから聞き取りはできても、いきなり犯人と決めつけようものなら、名指しで訴えられることもありうる。その怪しい女子生徒の教室周辺でも何度か盗難が発生したのだが、不思議に周期があり、何回か連続したかと思うと数ヶ月パッタリ止まることもあった。結局私の在任中には犯人を捕まえることはできなかった。

また賢い常習者ともなると財布ごと盗むことはせず、短時間に素早く財布からお札だけ抜き取り証拠を残さない。明確な目撃証言がなければ、犯人を特定するためには財布についた指紋を照合するしかないが、少年法では未成年が協力するかどうかは任意であるし、指紋を採れば採ったで保護者や人権擁護団体から糾弾されるだろう。私が関わった事件の中でも、憎らしいほど余裕のある窃盗犯は、被害者への思いやり（？）を忘れず、財布に千円だけ残してお札を引き抜いていったが、決して捕まることはなかった。

次に自転車の盗難だが、残念ながら財布同様、生徒の自己防衛力は極めて低い。どこの高校でも全校の何割もの生徒が、無施錠でカギをつけっぱなしにしたまま、平気で自転車を駐輪場に置いていってしまうのだ。それでも学校で盗まれた場合は同校生徒の犯行の可能性が高いので、しばらくして元に戻されるケースもあるが、駅の駐輪場などで一旦盗まれると自転車はなかなか見つからない。中には持ち主のステッカーをはがしたり、大胆にも自分用の新しいステッカーを重ね張りする不届き者もいた。

バイク盗は常習犯が駅やアパートの駐車場などから、器用に配線を直結してエンジンをかけ、盗むケースが多かった。中には真夜中定期的に家を抜け出しては、農家へ侵入してバイクを盗み、複数名で乗り回す行為を数回以上繰り返していた生徒もいたが、両親は子供が家を抜け出したことにまったく気づいていなかった。

万引きは常習の要素が強い。特に複数名がチームを作り、実行役、壁（ブラインド）役、見張り役など役割を分担し、用意周到に実行した場合、防御・逮捕はかなり難しい。中には一〇点以上もの商品（総額一万円以上）を、短時間で手際よく万引きするような常習者もいた。

また靴やマンガ本などは、転売して自分の小遣いを得るケースも多い。店の対応も様々であり、発見したらすぐ警察につき出す店、警備員を複数配置し未然防止に努める店、直に学校へ連絡する店などがあるが、気になるのは初めから商品がある程度万引きされることを予想して、防衛策をとらず（防犯に金をかけず）にその損害分を商品価格に上乗せする本末転倒な店まであることだ。残念ながらそれだけ頻繁に万引きが多発しているということなのだろうが……。

私はある書店から突然呼び出されて、防犯カメラで撮影した生徒が万引きする生々しい映像を見せられたことがあるが、カメラでなければ気づかないほど実に巧妙に本を盗む様子がよくわかった。

③飲酒・喫煙

高校生の喫煙はいつどこでも発生する。しかも喫煙現場を押さえない限り、素直に認めずごまかそうとする生徒は多い。入学オリエンテーション終了直後、学校真向かいのアパート脇で堂々と喫煙し、追っかけた教師に約一〇分後捕まえられた後も、なかなか喫煙を認めなかった男子生徒がその象徴であろう。

飲酒は喫煙に比べればかなり少ないが、文化祭の後打ち上げを行い、一〇〇人以上もの大人数が補導された高校が数校あった。また変わり種としては、家庭科の授業中、男子生徒が料理酒を大量に飲んで完全に酔っ払ってしまい、指導を受けた事例があった。

第2章 事件ファイル ―部外者編―

さて、次は他校生、一般人などが、高校や在校生徒に対して起こした事件である。この場合、相手に勤務校の校則・生徒指導内規を適用できないため、指導上非常に歯がゆい思いをした。特に次に紹介するケースは、表ざたになったら格好のスクープになる大事件であった。

ファイルNo.20 高校入試での乱闘騒ぎ

これは高校入試当日の試験終了直後、こともあろうに受検生である中学生同士が、検査室外の廊下で喧嘩を始めたという前代未聞の事件である。

教科試験が終了した時、私は運営本部に詰めていた。答案用紙を集めた先生方が徐々に本部へ戻り始めていたその時、若い女性教員があわてて駆け込んできた。

「け、ケンカです！」

私は反射的に立ち上がっていた。

「何、場所はどこ？」

「二階の○○検査室です」

「誰か一緒に来てくれ！」

私は近くにいた男性教員とともに、ダッシュで階段を駆け上がり、現場に急行した。到着すると一人が廊下にうつぶせに倒れて身体がけいれんしており、床には少量だが血も付いていた。

女性教員がそばで声をかけて怪我の具合を確認していたが、意識がもうろうとしている様子から、私は極めて危険な状態のように思えた。すぐに男性教員に救急車の手配を頼み、応急処置はその女性教員と養護教諭に任せ、私は近くに呆然と立ちつくしていた受検生（中学生）にできるだけ平静に声をかけたところ、すぐに殴ったことを認めたのでそのまま別室に連れていった。

私がその受検生から聞きだした事の経緯は次のとおりである。

「相手の生徒（被害者）が何時間目だったか、試験終了後一旦退室する時、わざとではなかったようだけど、自分の友達と身体がぶつかったのに謝りもせず態度も悪かった。その後も試験の合間に何度も友達にガンを飛ばすような挑戦的な態度だったんだ。どうしても許せなかったので、友達を助けるため試験終了後にそいつを呼び止めた。しかし謝るどころか、相手のほうから自分の胸ぐらをつかみながら向かってきたので、カウンターパンチを顔面におみまいしたらぶっ倒れた」

その現場を見た女性教員があわてて本部に駆け込んできたわけである。大まかな原因と現場の状況はわかったが、いくら暴力傷害行為があったからといって我々が外部の人間を勝手に処分はできない。また犯罪として警察に通報するのは簡単だが、前途ある中学生である。ここはまず関係中学校に連絡して引き取ってもらい、その後の措置は任せるのがよいということになった。そうなると中学校に引き渡すまでの間、加害中学生の身柄をしばらく拘束して別室に留めておく必要があった。

内に厳しく、外にやさしく

だが、私はここである問題に気づいた。彼の持ち物は控室である体育館に置いたままであり、まもなく全員に翌日の面接等の注意事項を説明することになっていたのだ。荷物をそのまま放置しておけば、全員がそろわないため進行を遅らせ、長く待たせることになればその理由を多くの受検生や付き添いの保護者・教員が勘ぐり始めるだろう。従ってどうしても短時間で荷物を片づけねばならないのだが、取りに行った時、他の受検生から不審に思われないため細心の注意を払う必要があった。

私は暴力傷害事件発生の異常事態を察知されないように、平然と多少にこやかな表情で加害生徒の横に付き添いながら彼の座席まで行き、荷物をまとめさせた。同じ中学校の受検生が現場近くにいたこともあり、何名かは事件に気づいていたようだが騒ぎ出すことはなかった。また本人も興奮状態ではなく、会場での混乱・トラブルもおきずに、無事に別室へ戻ることができた。

さて次は加害生徒、被害生徒それぞれの中学校と保護者に連絡を取り、特に加害者側には早急に学校に引き取りに来てもらわなくてはならない。しかし別室の加害生徒から目を離せば間違いなく逃げ出してしまうだろう。かといってカギをかけて閉じこめたら暴れだし窓ガラスを割って飛び出すかもしれない。そこで私は携帯電話で生徒課長に連絡を取り、加害生徒の付き添い＝監視をお願いした。課長が来るまでの間彼は興奮こそしていなかったが、落ち着きがなくそわそわしており、私との間で次のような会話が交わされた。

加害生徒「俺、まだ帰っちゃダメ？」

私「うーん、これだけのことをしちゃっただろう。『そのまま帰っていいよ』とは言えないなあ。中学校の先生や保護者にも状況を説明して、迎えに来てもらわなくちゃならないしね。ところでお父さんかお母さんとは連絡とれないか」

加害生徒「わからん、お母さんも仕事に行ってるかもしれん。ところで俺って、もう合格できないでしょ」

私「僕に決める権限がある訳じゃないからはっきりは言えないけど、見通しとしてかなり厳しいと思うよ。試験会場で受検生をぶん殴っちゃったんだもんなあ」

加害生徒「じゃあ、ここにいてもしょうがないから帰してくれよ！」

私「帰りたい気持ちはわかるけど、どんな理由があるにしろ君のやったこと（暴力傷害）は警察に通報され、逮捕されても仕方がないことだよなあ。でも僕らは君の将来のことも考え、それをしないで中学校側に任せようというのだよ。すぐ来てもらうように連絡するからもう少し待ってくれよ、なっ」

さて、これまでの聴き取り方法と比較すると、私の口調はここではかなり優しい。なぜこういった接し方になるのか、生徒指導担当の先生方はもうおわかりだと思うが、その一番のポイントは、「指導対象者が自分の学校の生徒なのか、そうでないのか」ということだ。本校生徒ならすぐに指導基準に照らし合わせて拘束・指導・処分をすることができる。しかし外部の人間には本校のルールや規則を押しつけることはできず、まして処分やその後の更生指導など、勝手にできるはずもない。

このケースでは警察に任せるか、所属校に引き取ってもらうしかないのだ。従って厳しく取り調べること自体難しいし、またそうする必要もない。やりすぎれば恨みをかうだけでなく、場合によっては裁量権の逸脱等を理由に、訴えられるかもしれないのだ。だから私は彼の態度に「ふざけんな、このガキ!」と、内心はらわたが煮えくりかえりながらも、お客様相手にできるだけ穏和に振るまったわけである。

このように〝内に厳しく、外にやさしく〟が学校の生徒指導では基本なのである。

教育委員会調停員が現れる

そうしているうちに生徒課長が来たので付き添いをお願いし、私は一目散に事務室に向かった。直ちに関係者へ電話連絡したのだが、特に加害生徒の中学校の教頭は、「すぐに引き取りに伺う」と反応が素早かった。しかし、加害生徒の家は妹が電話に出て両親不在であった。私がどうしても緊急に連絡を取りたい旨を伝えて、何とか母親の勤務先の電話番号を聞き出し、すぐさま仕事中の母親に事件の概要を知らせ、高校に引き取りに来てくれるようにお願いした。

三〇～四〇分ほどたっただろうか、加害生徒の中学校が学年主任をはじめ数名で来校した。ところがその他に中学教員とは明らかに雰囲気の違うスーツを着た二人も混じっていた。実は彼らは市教委から派遣されたメンバーであり、簡単に言えばトラブル調停員である。やや遅れて被害生徒の中学校教員二名が到着したので、この調停員が取り仕切る形で話し合いは進められたが、事件の処理経験が豊富な私ですら感心するくらいてきぱきしており、さすがに専門家だと納得した。彼らは、高校に迷惑をかけないようにこの場で事情聴取等はせず、早めに引き取ってそれぞれの中学校で対応すること、加害生徒が明日の受検をどうするのか、中学校で判断し早めに高校へ伝えることなど、的確な指示を出した。

それは高校の考えともほぼ一致していて、特に不満のない処置であった。その後、私から高校側の要望として、

①被害生徒は明日の受検が可能かどうか、怪我の状況を把握してもらい、可能な場合には受検を希望するのか、追検査に回るのか連絡してほしい
②見通しとして加害生徒の合格可能性はかなり低いと思われるが、それでも明日の受検を希望するのかどうか、意思確認してほしい
③被害生徒が受検する場合は、捕まった加害生徒の仲間が助太刀をする可能性があるので、加

害生徒の中学校には、付き添い教員の増員をお願いしたい

という三点を両中学校に伝えたのだが、調停員もうなずき了承してくれた。その後加害生徒の母親が到着したので状況を説明し、中学校教員と一緒に本人を引き取ってもらった。

中学校との連携プレー

やっと一段落と思われたところで、また新たな問題が持ち上がった。被害生徒の中学校教員から、ケンカの現場には試験の合間に被害者とぶつかったという加害生徒の友達も一緒にいて、彼も手を出しているらしいという情報がもたらされたのだ。

自分の学校の生徒ならすぐに呼び出して事情聴取するのだが、我々が直接真偽を確認できるはずもない。もし事実だとして、捕まらなかった彼が翌日も何食わぬ顔で受検すれば、緊張は一気に高まり、再びトラブルが発生する危険がある。被害生徒が翌日受検するかどうかは医者と保護者の判断に任せるしかないので、私は危険回避のため加害生徒の中学校に電話をかけ、教頭に次のように伝えた。

「先ほどは迅速に対応して頂きありがとうございました。ところであくまでも被害生徒側の情報ですが、犯行現場には怪我をさせた生徒だけでなく、元々の原因となった友達も一緒にいて、ケンカにも加わっているのではないか、ということです。私共のほうでは事実関係を調査する

ことはできませんが、もし彼も直接関与していたなら明日受検した場合のトラブルが心配ですし、正直に認めた生徒だけが中学校の生徒指導を受け、入試の判断材料になっても片手落ちになります。できれば被害生徒の中学校と連絡を取り状況を聞いた上で、その友達からも事情聴取をするなど事実を正確に把握して頂き、明日の朝までに受検するかどうかご連絡ください。なお先ほどお伝えしたように、本人がどうしても受検したいとの申し出があった場合、私共は拒否しませんが、暴力行為の事実が明らかになれば合格の可能性は極めて低いとお考えください」

さて、夜になって被害生徒の中学校から学校に次のような連絡があった。

「本人は怪我の程度が思ったより軽く、意識もしっかりしていて入院の必要はないが、精神的ダメージを受けていることと、加害生徒の仲間とのトラブルも心配なので、大事を取って明日は欠席し、後日の追試を受検したい」

これは我々が望んでいた方向でもあり、内心ほっとした。なぜならケンカの発生状況からして、被害生徒にもかなり問題があり、もし彼が翌日受検した場合、中学校も心配するように、不満を持つ加害生徒の仲間が何らかのアクションを起こす可能性は十分あったからである。

翌日朝早く今度は加害生徒の中学校から次のような連絡が入った。

「昨日拘束・指導していただいた加害生徒は受検を辞退した。もう一人の友達は昨日帰ってしまってきちんとした事情聴取はできていないが、二人の関係からしてケンカに関与していた可能性が高い。受検をどうするか正式な返事は聞いていないが、友達に罪をかぶせ、自分だけ受検する気にはなれないだろうから、辞退するのではないか」

その後我々は受付の状況を詳細にチェックしながら様子を窺ったが、結局友達も姿を現さなかった。こうして受検二日目には、事件に関係した生徒は誰一人として試験会場に来ることはなく、加害生徒の中学校からも多くの先生方に付き添ってもらったため、何のトラブルも発生せず、予定通り入試を行うことができた。

それにしても滅多に起こりえない、衝撃的な事件であった。

ファイルNo.21　女子更衣室での盗難事件

これは私が生徒課長時代に、あと一歩で現場を押さえられなかった悔しい事件である。

ある日の午後、中退した女子二名が元在籍校に遊びに来た。彼女らは休養室で当時の担任と、その後保健室で養護教諭と和やかに話をして帰ったのだが、午後二時三五分～五〇分頃、ある男性教員が、一階の女子更衣室からやや背中を丸めて出てきた私服の二人を、遠く（約三〇～四〇メートルの距離）から目撃した。最初その教師は、「何だろう?」と不審に思いながらもかなり距離があったため、すぐに彼女らを呼び止めることができなかった。

彼はそのまま事務室前で電話した後、「もしや、盗みに入ったのではないか」という不安がよぎり、すぐに彼女らをよく知る学年職員に在籍当時の様子を聞いた。すると話の中で窃盗の可能性があることがわかり、あわてて私のところへ報告に来たのである。私はその話を聞いた瞬間に「やられた」と思った。直ちに六限の体育で女子更衣室を利用したクラスの担任に連絡を取り、各自盗られた金品がないか帰りのショートホームルームで調べてもらった。するとなんと五名もの生徒が、現金や財布など総額数万円以上にも及ぶ被害を受けたことが分かった。

私は被害調査と並行して、職員から現場の目撃証言を集めた。すると別の先生から、「午後二時二八分に南館の二階から階段を降りてきた時、南から更衣室の方へ向かう私服の二人を見た」という証言が得られた。二人の教師の証言から、犯行時刻は午後二時三〇分から二時五〇分までの間と推定できたが、実は捜査上の大きな障害があった。彼女たちはすでに退学しているため、学校は本人の意に反して事情聴取する権限を持っていない。従って警察に被害届を提出し、捜査を依頼するしかないのだが、正式に受理されるためには被害者本人が届けなければならない。そこで私は放課後被害を受けた生徒全員を集めて事情を説明し、本人・保護者とも納得のうえ、その日のうちに教師の引率により地元警察へ被害届を出してもらった。

こうして女子更衣室盗難事件の捜査が始まったのだが、二、三日して窃盗容疑のかかった中退生徒の母親から、学校に抗議の電話が入った。最初は養護教諭が聞いてくれていたが、なかなか怒りが収まらない様子だったので私が途中で交代した。すると母親は次のような不満をぶちまけてきた。

「警察から『学校の盗難事件について聞きたいことがある』という電話があった。娘は犯人扱いされたといって怒りまくっている。会話の中でおたくの教員が『娘達が更衣室から出てくるのを見た』と言って、犯人と決めつける証言をしたそうだがそれは誰か？　直接話がしたいので教えてほしい。また学校も娘が退学したから犯人と疑うのか！　納得がいかない」

私は感情的な言い争いにならないように、できるだけ落ち着いた口調で次のように対応した。

「私どもは、娘さんが犯人だとは一言もいっていませんよ。ただ学校で盗難があったのは事実です。被害者の人数、金額とも極めて多い悪質な事件でしたので、学校としても徹底究明して解決をはかりたいのです。被害者本人や保護者に意向を聞いたら、ぜひそうしてほしいということでしたので、警察に被害届を提出してもらい捜査を依頼したのです。六時間目の最中に盗まれたことは被害の状況から明らかですので、おそらく警察はその時間帯の証言や証拠集めを行っているのでしょう。警察に事情聴取されたその教員は、見た通りのことを話したのであって、娘さん達を犯人と断定して証言したのではありませんよ。いずれにしてもこの件はすでに警察にお任せした以上、学校では一切対応できません。捜査との関連もあるので、私どもから直接利害がからむ可能性のある教員の名前を教えることはできませんので、どうぞ御理解ください」

まだ不満はありそうだったが母親の口調には勢いがなくなり、それ以上しつこく教員の名前を教えろ、という要求はしてこなかった。

こういった犯罪が絡んだケースでは、保護者に対する受け答えなどの応対に大変気を遣う。ほとんど学校側に正当性がある場合でも、わずかな対応のミスを突かれ、ひっくり返されたケースは山ほどあるからである。

さて事件のほうだが、我々は警察と情報交換する中で、

①少年法の関係で彼女たちを強制出頭させることが難しい

②六時間目の時間帯に彼女たち二人だけしか女子更衣室に入っていないという完全な確証が得られない

という難題をなかなかクリアできず、自白以外で犯罪を立証することは難しいことがわかった。私も性急かつ断定的に動いたら墓穴を掘ることはわかっていたので、前述の電話のような慎重な受け答えになったのである。

結局少女達が自白することはなく、逮捕に至らなかった。被害生徒には一切金品が戻らず、まさしく泣き寝入りであった。我々としても事件を解決することできず、大変歯がゆい思いをしたのだが、その後しばらくしてこの中退者の一人が薬物使用で捕まったことを知り、何か因果応報的なものを感ぜずにはいられなかった。

ファイルNo.22　ストーカー捕り物劇

ある時地元の教育委員会から、

「そちらの高校の女子生徒二名から、ストーカー被害を受けているという相談があったので確認してほしい」

という照会があった。外部の人間絡みのようだったので、早速私が直接二人を呼び出して事情を聞くことにしたのだが、正直ちょっぴり残念な気分だった。手前味噌かもしれないが、私はこの勤務校での生徒指導体制に自信を持っていたので、こんなことがあればすぐに相談してくれるものと思っていた。まずそのことをやんわりと尋ねると、まじめな二人は「校外のことなのであまり学校に迷惑をかけたくなった」と心情を明かしてくれた。

さて、被害の様子を詳しく聞くと、帰り道に距離を空けてつけられたり、無言電話が何度も家にかかってきたりしたという。さらに自転車のかごに汚物を置かれたこともあり、明らかに精神的恐怖を伴うストーカー被害を受けていると思えたので、私はすぐに地元の警察署生活安全課に相談した。

しかしこの時はストーカー規制法がまだ施行される前だったため、警察は明らかに犯罪被害を受けたか、危害を加えられる可能性が高い根拠（証拠）がある場合でなければ、すぐに捜査に入ることができなかった。二人も直接触られたり、面と向かって卑猥な言葉を浴びせられたりしたような被害がないため、この時点ではすぐに県警本部の許可が出るはずもなく、いくら親交のある気安い警察署でも勝手に動ける状況ではなかった。

こうなれば学校独自で彼女達に身の危険が迫っている証拠を積み上げていくしかない。私は嫌がらせを受けた内容を、どんな些細なことでも二人に報告させると共に、証拠になりそうなものを必ず残しておくように指示した。すると彼女達はそれを忠実に実行してくれて、無言電話のかかってきた日・時刻のメモ、留守電の録音テープ、かかってきた電話番号と内容の記録、電話機ディスプレイ表示を撮った写真、通学途上の壁の卑猥な落書きを撮影した写真、彼女たちの自転車のかごに残された汚物など、沢山の証拠を集めていった。その証拠品を直接彼女達か、代理で私がこまめに警察へ提出すると、四回目の時だっただろうか、ついに顔なじみの生活安全課職員が、

「先生、こりゃあ事件として立件できる可能性があるよ、やろう!」

と言ってくれた。

その後正式に県警のゴーサインが出て捜査は始まったが、私は彼女達が集めた多くの証言や証拠から、犯人は中年の男性営業マンと確信するに至った。実はその年度末、私は異動となったのだが、転勤の直前、起訴に必要な最後の証拠書類を作成するため、私の自宅を訪ねてきた警察署員が、

「先生、これで犯人を逮捕できると思いますよ」

と言ってくれた。その言葉通り転勤直後の四月上旬、各新聞の社会欄に〝ストーカー行為で中年営業マン逮捕！〟の記事が掲載された。やはり犯人は予想された人物であったのだが、いずれにしても私はこの勤務校における最後の事件を無事解決することができ、安堵したのをよく覚えている。

しばらくして被害を受けた女子生徒二人から、私のもとにお礼の手紙が届いた。早速封を開けて読んでみると、相談した時から私を信頼してくれていたことや、犯人が捕まって本当に嬉しかったことなど、深い感謝の気持ちが丁寧に述べられていた。私は生徒指導の責任者という立場上、特にワルの生徒から恐れられたり、嫌われたりしたことが多かったが、常に学校や生徒の安全を守るために体を張って働いたつもりである。稀にもこのように生徒から感謝されることがあると、本当に教師を続けてきて良かったと思う。

第3章　事件ファイル　―モンスターペアレンツ編―

最近は〝モンスターペアレンツ〟などの造語もできてしまうほど、常識では考えられない要求・行動をする保護者も増えてきたようだ。しかし私が生徒や保護者と毎日のように対決していた超教育困難校時代でも、すでにひじょうに対応が難しい超弩級の保護者は存在していたから、今後益々学校の先生方は、保護者への対応に苦慮することになるだろう。

実は、一部の保護者がモンスター化してしまったのは、保護者自身だけの問題ではないのだが、とても一言では説明できないため今回は割愛させていただき、ここでは実際に私が体験した、教師対保護者の壮絶な戦いぶりを紹介する。

ファイルNo.23　喫煙事実を否認し続けた母子

高校生の喫煙事例は極めて多い。ところが最近困ったことに、現行犯でないと喫煙を認めないケースが明らかに増えている。中でも忘れることができないのは、決定的な証拠がありながら、ついに喫煙を認めさせることも禁煙指導をすることもできなかったたちの悪い事件である。なぜそうなったのか、一部始終を説明しよう。

ある時、駅近くの通学路地下道内で、勤務校の男子生徒がたばこを吸っているという外部通報があった。直ちに生徒課職員が複数で現場に駆けつけたが、すでに人影はなかった。しかし真新しい吸い殻が落ちており、確かにガセネタではないことがわかった。人通りの多い駅付近で高校生がしょっちゅうたばこを吸っているという噂が広まれば、地元住民の信頼は失われてしまう。私は早速生徒集会において喫煙の事実をストレートに伝え、「喫煙がまだ続くようなら、学校の名誉のためにも必ず捕まえるぞ！」とはっきり警告した。しかし一ヶ月もたたないうちに、また地下道内で以前と同じ銘柄のたばこの吸い殻が発見されたのだ。これは我々教師に対する挑戦と受け取れた。

私は迷わず該当生徒の喫煙現場を押さえるため、可能性の高い放課後時間帯での連日の張り込みを生徒課職員に指示した。四名が二つの出入り口に分かれ、姿を潜めて待機する作戦だったが、開始三日目に、前から目をつけていた怪しい男子生徒三名が地下道に入るのが見えた。すぐに出口側の教員に連絡して待ちかまえていたが、かなりゆっくり歩いたとしても、出てくるべき時間に彼らは姿を現さなかった。そこでさらにたばこに火をつけ、喫煙を始めたくらいのタイミング（約一分後）を見計らって、両側から教員が地下道に入った。すると向きが変わったところで、火のついたたばこを持っている三人を発見した。要するに現行犯であり、三人をその場で拘束して学校に連れて行き、事情聴取を開始した。

火のついたたばこを所持した現場を押さえたわけだから、言い逃れできずに事情聴取は短時間で終了するものと誰もが思っていた。ところが二人は喫煙の事実をあっさり認めたにもかかわらず、中心人物（T男とする）だけはガンとして喫煙を認めなかった。そのT男の言い分は、事情聴取を担当した教員が皆唖然とするものだった。彼は、

「僕は吸っていません。地下道を歩いていたら火のついたたばこが落ちていて、危ないのでそれを拾って捨てようとした時、ちょうど先生に見つかったのです」

と言い逃れをしたのである。それに対して我々は以下の十分すぎるほどの証言や状況証拠を揃えていた。

①他の二人とも喫煙を認めただけでなく、T男も一緒に吸ったと証言していること

②三人の持っていたたばこは同じ銘柄だったこと

③T男が持っていたたばこはまだ火がついて間もない長さだったこと（つまり他者が吸って捨てたたばこなら相当短いはずであること）

④③と関連して、もし三人以外に吸った人物がいるなら、発見の一〇分以上も前から入り口と出口で張り込んでいた教員が必ず顔を合わせているはずだが、誰も地下道から出てこなかったこと

これでもT男は喫煙していないと言えるだろうか？　一〇〇％に近い確率で彼はクロだろう。しかしこれだけの証拠があっても、結局自白させることはできなかった。ではどうして彼は喫煙を否認し続けることができたのか。それはT男の背後に、絶大な権限を持つ母親がいたからである。母親にも当然同様の状況説明をしたわけだが、絶対喫煙を認めようとしなかった。そ

れどころか、

「息子は絶対に吸っていない。それでも疑うなら息子が吸っていないことを医者に証明してもらう。疑われている話をしたら一緒に戦うと言ってくれた」

とまで言い出す始末である。一体医者が何を戦ってくれるというのだろうか。

実はこの母親のクレーマーぶりは中学校時代から大変有名で、息子のためならどんなに筋が通らないことでも、平気でクレームをつけていたらしい。もちろん病院できちんと検査してもらってもよいのだが、喫煙本数が少ない場合数値的にはっきり証明できるか不安があったし、何よりも幾ら筋道立てて論理的に説明したところで、息子を盲目的に溺愛するこの母親に喫煙の事実を納得させることは不可能だった。そこで我々生徒課は「急がば回れ」でいくことにした。つまり〝喫煙〟ではなく、譲歩する形の〝喫煙同席〟で指導することにしたのだ。

確かに我々は形式的な面では妥協したわけだが、指導内容では妥協などしていない。申し渡しの時T男と母親に、

「友人がたばこを吸うのを知っていながら、止めさせるどころか何度も自らの意志で喫煙現場に同席していたことは悪質である」

と説諭し、喫煙とほぼ同等レベルの謹慎指導を行うことにしたのだ。さすがの母親もこの指導に対して文句を言わなかった。いや、言えなかった。

「いますぐ転校させてほしい！」

こうしてこの件はすっきりしない形で決着した。ただT男は諦めない我々生徒課職員から受けたプレッシャーと、引っ込みがつかず喫煙を認めなかったことへの良心の呵責を感じていたのかもしれない。しかも喫煙が事実であれば、友達を裏切ったわけだから周囲の目が気になり、学校に居づらくなるのも当然である。しばらくしてT男の母親が、

「おたくの高校は息子を差別扱いしている。こんな学校では息子がのびのびと学校生活を送れない。いますぐ転校させてほしい！」

と訴えてきた。緊急避難的な理由もないのに、年度途中に通学区内で転校などできるわけがないので丁重に断ったら、ある日突然アポもなく県会議員が学校にやって来た。教頭と私が応対したのだが、話を聞いてみるとT男の母親が「転校させてもらえない」と泣きついてきたので、いじめでもあるのかと高校を調査するためやってきたという。我々が事の経緯と本人の置かれている状況を丁寧に説明したら、ほどなく学校に理解を示し、転校をごり押しすることなく納得して帰られた。その後さすがに母親からのアクションはなくなり、いつしか転校の話も立ち消えとなった。

実はT男については最後にちょっと良い話があるのだ。彼は在学中にもう一度生活態度等で指導を受けたことがあった。学年主任・担任を前にして、母親が例のごとく息子を弁護して一人でしゃべりまくっていたまさにその時である。何とT男が自ら、

「お母さんもうやめてくれよ。僕が悪いんだから」
と口を開いたのだ。今まで自分からは何もせず、母親に守られいいなりだったマザコン少年（失礼！）が、教師の前で初めて自分の意志を示し、母親に文句を言ったのだ。まさにT男の高校生活では未曾有の出来事であった。

こうして自立へのスタートを切ったT男は無事高校を卒業していった。我々の粘り強い指導が、わずかでも彼を大人にする一助になったとすれば大変うれしいことである。

ファイルNo.24　母親による県教委・市教委へのダブル提訴

やはり生徒課長時代のことである。ある時私は突然校長から直接呼び出されたのだが、急いでノックをして入ると、校長は見るからに困惑した表情を浮かべていた。

「和田先生、こんな内容の訴えが直接県教委にありました」

と言って、県教委から送られてきた紙面を見せてくれた。それは「息子が教師から体罰を受けた。廊下で肩がぶつかったことが原因らしく、拳で胸を殴られ鼻血の跡も見られる。ショックで本人は学校に行きたくないと言っている」という母親からの訴えであった。

「これは謝罪等、早く対応しないと大変ですね」

不安そうに校長は話を続けた。そこで私は訴えられた内容についてもう一度よく文面を見た。

実はこの体罰を加えたと訴えられた教師（講師）は、まだ若いが指導力があるだけでなく、生徒の扱い方もきちんと心得ている頼りになる人物であった。私はどうしても彼が軽はずみな行動を取るとは思えず、まして一方的に体罰を加えるなど信じられなかった。そこで生徒・保護者に謝罪する前にまず事の真偽を確かめたいと思い、校長に一、二日の猶予をお願いした。しかし許可はもらったもののそれほど時間がない。私は早速訴えた母親に電話をかけ、丁重に次のようなお願いをした。

「先ほど県教委から、本校の教員が息子さんへ体罰を加えたという訴えがあったことを聞きました。私共は初めて聞く話だったので、事の詳細をほとんど把握しておりません。間違いのないように、事実関係をきちんと調査をしたうえで指導したいと思いますので、申し訳ありませんがもう少し（二日間）だけ時間をいただけませんか？」

母親は特に強硬に反対することもなく、私の願いを聞き入れてくれた。しかし要は時間稼ぎの作戦であり、二日間で体罰はなかったことを証明しなくてはならない。しかもたとえ講師が体罰を明確に否定しても、体罰を受けたという生徒本人が納得しない限り収まる見通しは立たない。

私はすぐ担任に該当生徒の事情聴取をしてもらった。すると威圧的にしかられ肩を押されたとはいうものの、殴られたとは言わなかった。またわざと通路をふさいだと思われたことは少し納得がいかないようだったが、学校に行きたくないほどではないという。

私はこの情報を得てから訴えられている講師を呼び、あえて心から信じていることを明言したうえで、「息子が教師から体罰を受けた」と母親が県教委に訴えたことを伝えた。彼は自分が訴えられたと聞くと愕然とし、また悔しそうな表情を浮かべた。私はその様子と先ほどの生徒の証言から、県教委へ訴えられた内容は事実と異なるのではないかという思いを強くした。

続けて私が、

「君を守りたい。その日実際何があったのか詳しく教えてくれ」

と言うと、彼はすぐに話を切り出してくれた。

「先日学年集会が始まる前、通路を塞いでいた生徒がいたので注意したら、『チェッ』と舌打ちをして不遜な態度をとったのです。問いただしたら仲間に対してやったと嘘をついたので、別室へ連れて行き肩を少し押しながら厳しく叱責しました。するとと彼はきちんと謝ったので、最後は諭す形で指導は終わりました。それが何で体罰なのかわかりません」

やはり彼の話からは、体罰を振るったという事実は見あたらない。

生徒の口から「体罰ではありません」

そこで翌日、私は該当生徒を再度呼び出して直接聞くことにした。〝体罰〟という言葉は使わずに、講師から受けた指導についてあせらず少しずつ聞き出していくと、彼は特に不満を口にするわけでもなく、淡々と次のように話してくれた。

「先週学年集会指導の始まる少し前、僕は狭い通路上で友達とおしゃべりしながら待っていました。その通路を先生が通りかかったのですが、話に夢中になっていた僕は通り道を塞いでいたことに気づかず、先生に『じゃまだからどけよ』と言われて退きました。僕はその言い方が少し気に入らなかったので、先生が横を通り過ぎる時に、『チェッ』と舌打ちをしてしまいました。それを聞いた先生が、『おい、なんだ、その態度は！』と注意しました。でも僕は先生ではなく友達にしたと嘘をつき、おそらく不満そうな顔をしていたと思います。さらに先生が、『道をふさいでいたのはおまえじゃないのか、失礼をしておきながら素直に謝れないとはどういうことか！』と言って僕に詰め寄り、両肩をポンポンと二、三度押しました。僕は少し後ずさりしながら、まずかったと思ったので神妙になり、『確かに先生に舌打ちしました。先生に嘘をつき反抗的な態度をとって本当にすみませんでした』としっかり謝りました。すると先生は『わかればいいんだ。俺は根に持つタイプではない。これからは自分が悪ければ、最初から素直にあやまるんだぞ』と言ってくれて、指導はその場で終わりました」

繰り返すが教育困難校では、少しでも生徒の反抗的な態度を見過ごしていると、そこから雪崩を打って学校の秩序が崩壊してしまう。従って指導力のあるこの講師が、このようなずるい態度を見逃すはずはなかったのである。それにしても講師の指導はどう見ても体罰と呼べるようなレベルではない。そこで私はその生徒に対して威圧的にならないように気をつけながら、「どうもおまえの受けた指導は体罰とは違うような感じがするが、どうだろう？」

と尋ねたところ、その生徒は即座に、

「ええ、体罰ではありません。ちょっと押されただけですから」

と体罰を明確に否定した。それでも私は念のためさらに踏み込んで確認した。

「それじゃあ、先生に指導を受けたことについては納得しているのか」

すると彼はこう言った。

「はい、確かに最初はちょっとおもしろくなかったので、厳しく叱られたことを家に帰ってから母に愚痴ったのですが、僕の方が叱られる原因を作り不遜な態度までとったのですから、先生から注意をうけたことについて今は納得しています」

こうして体罰はないという確証を得た私は、確実な証言・証拠とするために、この生徒自身が説明した事実関係を自筆で紙に書かせて、県教委への報告用資料とした。

念のため付け加えておくが、私はこの生徒に対して脅し・威圧・誘導・強制は一切していない。もし彼が少しでもプレッシャーを感じるようなことをしていたら、その不満は僅かなことでも敏感に反応する母親に伝えられ、トラブルは輪をかけて大きくなり、裁判沙汰になるような事態に発展していたかもしれない。

母親からも謝罪が

さて、彼が書き終わった時、

「ところでお母さんは学校からだいぶ厳しい指導を受けたのではないか、と心配しているようだから、僕から直接事の経緯を説明してもよいか」

と私がやさしく言うと本人もすぐに了承した。

早速私は該当生徒の自宅に電話をかけ母親と話したが、すでに息子から概略は伝えられていたようで、電話の声はやや申し訳なさそうな口調であった。

「お母さんに調査結果を報告したいので、今から学校へ来てもらえませんか？」

とお願いするとすぐに応じてくれた。

母親が来校したので私は訴えられた講師を同席させた上、まず今回の事実関係を記した生徒自筆の紙を見せ、間違いないか確認してもらった。母親は特に反論もなく、体罰がなかったことをすんなり認めるとともに、次のように自分の早合点を素直に謝ってくれた。

「以前実際に体罰事件が起こったことでかなり神経過敏になっていまして、詳しく確かめもせず教育委員会に訴えてしまいました。すみません。県と市町村の教育委員会には、実際に体罰はなかったことを私の方から電話で伝えておきます」

母親の訴え取り下げの確約を受けて、最後に私は重みのある口調で話し始めた。

「お母さんの心配されるお気持ちはわかりますが、何かトラブルが起こった時や学校に対して不満・疑問がある時は、まず直接学校に問い合わせてください。お互いに情報交換をすれば事実もはっきりするでしょうし、誤解も解けやすいと思います。申し訳ありませんが、今回のように不確かな情報が事実として一人歩きしてしまいますと、非常に重い内容なだけに、一人の若い教員の将来を台無しにしてしまうことになりますから」

前途ある部下を守るための私の静かな反撃であった。すると母親は、

「本当に申し訳ありませんでした」

とあらためて講師に対して謝罪をしてくれたので、この事件も一件落着となった。

それにしても当時は血気盛んに自分の判断でどんどん事を進めたが、もし生徒本人が納得しなければ、また母親が僅かでも体罰の認識を持っていたなら泥沼にはまり、学校の引責等校長に多大な迷惑をかけたであろう。つくづく運にも恵まれていたのである。

その後この講師は別の学校でさらに経験を積み重ねた努力が実って、県の教員採用試験に見事合格した。現在高校の体育科教師として、すでに勤務校の核となり大活躍している。

ファイルNo.25　警察署駆け込み事件

私の勤めた教育困難校の生徒指導はかなり厳しい。服装・頭髪の違反者はきっちり指導される。

ある時若手の体育教師が女子の服装検査をしていた。その中にピアスをしていた態度の悪い女子がいて、なかなか指導に従おうとしなかったため、業を煮やした彼は強引にピアスを外そ

うとして手を伸ばした。ところが彼女が抵抗して逃げようとしたため、結果的に耳を強く引っ張ってしまうことになり、彼女は「痛い痛い！」と叫びながら、自らピアスをたたきつけて部屋を出て行った。

その翌日父親が彼女を連れ、「娘が体罰を受けた」と言って学校に乗り込んできた。体育教師は意図的に制裁を加えたわけではないが、厳密には体罰と判断される可能性がゼロとは言い切れなかった。しかも父親は謝罪だけではなく体育教師の処分を要求してきた。

私と学年職員の二人で応対したのだが、まだ事実関係もしっかり把握していない段階で、この教師を矢面に出すわけにはいかなかった。そこで私は「すぐに事情聴取を開始して正確に事実を把握した上で、体育教師への指導措置を決めて報告する」と説明した。しかし相手はすぐ処分しないことに納得しないばかりか、今にも警察署に駆け込みそうな勢いであった。我々はその場で精一杯の誠意を示したつもりだったが、あまり無理に引き止めすぎると逆効果になるので、最後は相手方の意志に任せることにした。結局彼女らは「近くの警察に被害届を提出する」と言って学校を出た。

私はすぐに地元の警察署生活安全課に電話して、体罰問題についてまだ事実関係がはっきりわからないことと、対象者は信頼のおける教員であることを説明したうえで、「今すぐ相手方がそちらに行くと思うが、話を聞きながら怒りや不満を和らげ、できれば被害届の提出を思いとどまらせてほしい」

とお願いした。結局体罰と断定できるほどの行為ではなかったことや、警察がうまく応対してくれたこともあって、父親と本人はその日被害届を出さずに帰っていった。

さて、私の警察への依頼はアンフェア（権力乱用）ではないかと思われる方もいるだろうが、私は事実をもみ消そうとしたわけではない。確かにこの教師のやや行き過ぎた行為についてだけみれば、謝罪の必要はあった。しかし彼は学校を良くしたいという正義感からルール違反を見逃せなかったのであり、全く指導に従わず不遜な態度をとり続けた女子生徒のほうにも問題はあった。もし事の経緯や事実関係がはっきりしない時点で診断書付きの「被害届」が提出され、マスコミにも取り上げられてしまえば、「体罰」という言葉だけが一人歩きをしてしまい、教師が一〇〇％悪者になってしまうのだ。

仮に後から事実誤認がわかったとしても、もうその時にはこの教師が失った信頼は簡単に取り戻せない状況になっている。従って実際の教育現場では、正当な部分と不当な部分をきちんと分けて捉え対処していかなければ公正ではないし、学校のために身を粉にして頑張っている教師が、指導の正当性をきちんと評価されなければやる気そのものを失い、結果的にその学校組織や指導体制にまで悪影響を及ぼしかねない。

また私が同僚を守るために嘘をついたり誇張したりしたなら、プロである警察はすぐ見抜くはずである。体育教師が厳しい指導をせざるを得なかった状況と、その行為の程度が理解できたからこそ相手の不満を和らげてくれたのだと思う。この件においても普段から警察との信頼関係作りがいかに大切かを再認識させられた。

現場での駆け引きの重要性

さてこの後、女子生徒と保護者が被害届を提出することはなく、何事もなく月日は流れていったのだが、年度末に再び我々はこの事件を思い起こすことになった。三月下旬、私は転勤の決まった指導教頭から次のような相談を受けた。

「例の女子生徒と保護者は体育教師の処分を望んでいた。転勤すらないとなると、何らかの行動（訴え等）を起こすことが考えられる。本来は私が直接先方に出向いて説明するとよいのだが……」

指導教頭は、相手方との話し合いがこじれて次年度まで持ち越した場合に、次の教頭に尻ぬぐいをさせてしまうことを憂慮していた。そこで普段から教頭にサポートしてもらっていた私は、生意気ではあるが自ら教頭（校長）の代理を申し出た。その後校長の許可をもらい、三月末に当事者である体育教師と共に女子生徒の家を訪れ、本人・両親との話し合いに臨んだ。

親は日本語があまり理解できないため、多少の不安はあったが、本人に通訳してもらいながら話を進めることにした。私は話の骨子として以下の点について説明した。

①人事異動等の関係で私が学校側の代表（校長の代理）として伺ったこと

②体育教師の行き過ぎた指導についてはすでに県教育委員会に報告してあること
③本校は県立高校であり、処分や人事異動はすべて県に権限があること
④結果として体育教師への停職・減俸などの処分や転勤はなかったこと
⑤行き過ぎた指導について、あらためて体育教師本人が謝罪に伺ったこと

私の説明後、体育教師が行き過ぎた指導に関して自ら謝罪し、深々と頭を下げた。それに対し両親・本人とも皆不満げな表情を浮かべ、県や学校の指導（措置）に納得できず、再度体育教師の処分を要求してきた。しばらくせめぎ合いが続いたが、私は態度こそソフトに努めながらも、決して引いたり安請け合いしたりしなかった。そうこうするうち、相手はついに最後の切り札を出してきた。この件を地元のマスコミ関係者（母国の通信社らしい）に話すというのだ。

それに対し私は動揺を見せず、意識して落ち着いた口調で、

「納得頂けなくて残念です。どうしても新聞社等へ話されるなら気の済むようにしてください。先ほど申しましたように、内部でもみ消したりせずに、県にきちんと報告した上で決定した指導措置ですので変わりようがありません。ご不満はあるでしょうが何とか理解していただき、来年度も協力をお願いするしかありません」

と、最後まで学校の姿勢を貫き通して生徒の家を後にした。

実は一連の話し合いの最中に、相手の口調、話す内容の具体性や信憑性、表情（特に目つき）、身振り手振りや態度（怒りや不満）から、私は相手がそれほど自信や根拠があるわけではないと読み、報道機関等へアクションを起こす確率は二〇～三〇％程度と推測して強気に勝負したのである。

その後私はしばらく緊張状態の中、毎日のように相手方の動向を注視したが、結局何の動きもないまま新しい年度に入り、この事件は自然消滅的に完結した。

人間は複雑な生き物であり、一人ひとりが皆違うことから、いくらトラブル対処法を書物や講義などから一生懸命学んで、完璧に危機マニュアルを覚えたとしても、実際にはなかなか応用できず、すぐに役立たないことが多い。やはり生徒指導の重要なテクニックの一つである現場での駆け引きは、実践で身につけていかざるを得ない。

しかし、そうはいうものの相手がマスコミに訴える確率はゼロではなかったから、私はこの時も運に恵まれていたといえるだろう。神様ありがとう！

ファイルNo.26　女子生徒への暴力をめぐる係争

最初に断っておくがこの件は私の失敗・ミスであり、事件があった事実すら立証できなかった。従って事実関係と思えることを断定的に書くことはできないので、なぜ対処に失敗したのか、その要因に重点を置いて説明したい。

私が教頭になってからのことである。ある日の夜、私が授業で教えていた女子生徒の父親から学校に電話があり、たまたまそれを私が受けた。

「帰宅した娘の様子がおかしかったので何度も問いただしたところ、午後の同じ授業に出席していた男子生徒三名から学校内の空き教室で集団暴行を受けたことを打ち明けた。いったいどうしたらよいだろうか？」

校内で複数の男子が女子に暴力をふるうなど、到底許されない。私は事実を明らかにして、男子生徒達に謝罪と暴力行為に対する謹慎等の償いをさせることを勧めたのだが、父親は仕返しを恐れ決断しかねていた。

しかたがないので翌日、まず私が女子生徒から事の経緯を詳しく聞いたのだが、話のつじつまは合っており、彼女が嘘を言っているとは思えなかった。私がなぜ信憑性が高いと判断したのか、その理由について列挙してみる。

①発端が年度最初の授業であり、彼女がこの男子生徒達と初対面だったこと
②授業中は睨まれた程度だったが、授業終了後すぐ暴力を振るわれたということ
③体力的にも人数的にも明らかに男子生徒達が優位に立っていること
④彼女自身が執拗に加害生徒への制裁を要求したわけではないこと

もう少し分かりやすく説明しよう。相手を狂言ではめようとする場合には、一般的に次のような条件を満たすと考えられる。

（ア）力関係としては、はめられる対象人物の方が弱いか同等である
（イ）強い相手をはめようとする場合は親・先生・外部の力を積極的に利用するか、相手方より強い後ろ盾（権力者）が存在する
（ウ）以前、相手から直接被害を受けたか、継続的に嫌がらせを受けた恨みがある
（エ）相手をおとしめることによって自分が得をするか、自分の責任を転嫁できる

今回のケースに当てはめると（ア）は当然該当しないし、（イ）についても親に問いただされたため話した程度で、後ろ盾はまったくない。また彼女は男子生徒と初対面であるから、それまで（ウ）のような利害関係は存在しないし、従って（エ）も発生しないことになる。もし狂言だとすれば、あとは被害妄想のような病気だと考えるしかない。その点、男子生徒達の保護者が「事件など存在せず、彼女の被害妄想である」と主張してきたのは確かに一理ある。

しかし、男子生徒達が暴力を認めず未解決のまま問題がこじれていき、学校や女子生徒の保護者が警察にも相談する大事になった時点で、本当に被害妄想・狂言ならさすがに嘘を認めるか、無意識にも捜査を中止させるような言動をとるだろう。しかし彼女からそのような発言や

そぶりは一切なかった。状況判断できないほど被害妄想がひどいなら、まともには授業を受けられず、彼女の異常さを示す証言が周りから幾つも寄せられるはずだが……。

まあこれ以上私の見解を主張すると当時の関係者にも迷惑をかけることになるので、この辺で事件の有無はさておき、特に生徒指導に携わる先生方には、私がトラブル対処に失敗したポイントを、指導の戒め（教訓）として心にとどめていただきたい。

失敗のポイント

①女子生徒の保護者の意向に配慮したこともあり、調査開始が遅れた（保護者訴えから約一週間後）。そのため教師側の動きを事前に対象男子生徒達に感づかれた。

②事情聴取した職員間の連絡・連携→情報の共有がスムーズにできなかった。

③聴取途中に男子生徒の一人が自供したが、事情聴取員の人数不足でその場に居合わせたのは自白させた私一人だけだった。（私から被害生徒が仲間の男子生徒の体格・頭髪・服装の特徴を鮮明に覚えていることを告げた時、男子生徒の方から「僕やりました」と自白し、直後に「謝りに行きたいけどいいですか?」とも言ったが、証明できる第三者がいなかった）

④③の生徒自供の後、私はすぐに他の男子生徒聴取の応援にまわる必要があり、あわてていたため本人に自供内容・反省などを自筆で書かせておかなかった。

⑤その日のうちに男子生徒達を自白させられず、半ば捜査を諦めるしかないのに保護者の一方

的な学校批判に冷静さを失い、強気に対抗してしまった。

⑥反発し結束を固めた男子生徒の保護者達による私を名指しした県教委への訴え、PTA役員への訴え・懇願、同じ授業に出席していた生徒達からの独自の聴き取り、被害を受けたと思われる女子生徒が通院・治療した病院への執拗な問い合わせ、学校側（校長）への話し合いの要求など、一連の素早い動きに対して学校側の対応はすべて後手に回ってしまった。

右記①〜⑤ついて、さらに詳しく解説する。

①について、彼女が我々に相談していたことを、事情聴取前から男子生徒達が知っていたという複数証言があり、仮に暴力が事実ならば事前にアリバイ工作も可能だったということ。

②について、たとえ暴力事件が事実だとしても、事情聴取可能時間内（概ね四時間以内か）に自白や決定的証拠が得られなかったということ。

③について、自白の信憑性から、強要・誘導尋問がなかったことを証明できる第三者がいなかったということ。

④について、自筆又は押印書面は重要な客観証拠になるということ（一時自白した生徒も後に証言を翻し、再び暴力行為を否定した）。

⑤について、②とも関連して当日彼らを解放した時点で、調査・事実解明は諦めるほかなかったが、あからさまに学校批判を繰り返す保護者に対し、男子生徒の一時的自供がありなが

ら、負けを認める「彼らは犯人ではない」というセリフは、女子生徒や父親を裏切るため言えなかったということ。

しかしいくら正義感から怒りがこみ上げたとしても、事件への対処は冷静さを失ったら負けである。ぜひ先生方には私の失敗体験を肝に銘じて生徒指導にあたっていただきたい。

離任式でのメッセージ

男子生徒保護者達の一方的な攻撃により、事件をでっち上げた狂言者とされて窮地に立った親子を守るため、私は女子生徒と共に警察にも相談したのだが、本人の証言だけでは事件として起訴できるか微妙であり、まして否認している男子生徒達の取調べは少年法の制約で難航が予想された。

こうして解決の糸口が見出せない中、私は騒ぎ（?）を大きくした責任から学校全職員の前で謝罪したのだが、学校側ですら〝女子生徒に対する暴力事件〟の存在を、皆が信じてくれているとは言いがたい状況であった。このまま対決を続ければ、事件は長期化・泥沼化し、女子生徒や保護者を更に深く傷つけてしまうことになる。

結局この事件は、私の方から女子生徒と父親に、男子生徒達への事情聴取や指導を承諾させておきながら、対処に失敗し、逆に傷害事件の立証放棄を勧めるという情けない結果となってしまった。本当にこの親子には申し訳なく思っている。

最終的には私が男子生徒保護者達の前で、彼らを犯人と決めつけたことを直接謝罪して一応のけりがつけられた。その時ある母親から私への辞職要求が出されたが、私はそうくることを予想していた。さすがに私も家庭を持つ身、家族を守るためにも一〇〇%自分に非があるのでない限り、辞職を受け入れることなどできない。

「そのことに関しては、彼らがはっきり白だと立証された場合に責任をとるということだったと思いますが……」

私が対決姿勢にならないように控えめな口調で言ったところ、それ以上の追及はなかった。そして〝事実〟という点では、男子生徒達三名は犯人ではないという決着だったのだが、他に犯人が存在するのかそれとも女子生徒の狂言なのか、真相は解明されないまま男子生徒保護者側の意向で幕引きとなってしまった。

さてその年度末私は転勤となり、離任式のあいさつの中で次のようなことを話した。

「人間誰でも一生の間に何度か嘘をつくことはあるだろう。例えば身内に不治の病だと知らせたくないため、病名をごまかすような場合である。しかしやむを得ない嘘をつくことはあっても、自分が助かりたいためだけに己の非を認めず、嘘を重ねるような〝嘘つき〟には絶対にならないでほしい！」

そう話していた時、たまたま一番前の席に座っていた関係男子生徒の一人が目に入った。私は彼をターゲットとして意識的にこの話をしたのではなく、本当に偶然だった。「嘘つきにはならないでほしい」といった時彼の顔を見たら、彼がすっと目を伏せたのが見えた。女子生徒と父親に申し訳ない気持ちは変わらないが、これで私自身の中ではけじめがつき、少なくとも後ろ髪を引かれる思いでこの勤務校を後にせずにすんだ。

ファイルNo.27　酒乱（？）の父親

ある日の午後、二年の男子生徒の父親が、電話で担任に対し文句を言ってきた。

「息子が同級生の女子から恐喝されて金を巻き上げられた。その女子を捕まえて金を返させろ。すぐできないなら警察に訴える！」

性急な要求だったため、困った担任が私の所へ相談に来た。まず、私が確かめたかったのは「本当に女子が男子を恐喝したのか？」ということだった。

その後、担任が男子生徒本人から聞きだした話によれば、どうも彼が同級生の女子二人に、アルバイトのお金が入ったらおごる約束をしたことが発端だったようだ。ところがすぐに給料がもらえず、予定が狂ったので約束を引き伸ばしていたら、女子の一人にしつこく催促されたという。あまりにうるさいので、彼はしぶしぶおごる分である昼食代の千円を渡したのだが、そのため自分の使える金がなくなり面白くなかった。その不満を家で愚痴ったらしく、話を聞いた父親が烈火のごとく怒ったのである。

つまり男子生徒が女の子の前でかっこつけて安請け合いしたが、後で金が惜しくなったということだ。これはとても恐喝と呼べるようなレベルではなく、せいぜいたかり程度の内容であり、きっかけを作ったのは男子生徒の方である。そこで担任から以下の二点を父親に伝えさせた。

①女子生徒の行為はたかり程度であり、とても恐喝と呼べるようなものではないこと
②ただ本人（息子さん）が納得していないので、確認の上必ずお金は返させること

しかし、父親は昼間から酒でも飲んでいるのか、担任の話にまったく聞く耳を持たず、

「息子は金を取られたんだ、今すぐ返せ！　そいつから今日金を戻せないなら警察へ被害届を出す！」

と一方的に自分の主張を繰り返すばかりであった。電話でのやり取りは三〇分以上にも及んだと思う。もちろん我々は当然お金を返させるつもりだったが、おそらく女子生徒は恐喝をしたという意識はないだろう。そこでまず彼女自身からお金をもらった状況を確認した上で、男子生徒側が深刻に受け止めていることを説明し、女子生徒納得の上で金を返させる必要がある。しかしその女子はすでに下校していたので、父親の要求に応えるためにはわざわざ自宅から呼び戻さなくてはならない。

実はここで生徒指導上留意すべき点がある。帰宅した生徒を学校に呼び出す場合は、その理由をちゃんと説明しないと本人が納得しないし、本人不在などで保護者が電話に出た場合も同様である。問題行動・校則違反が既成事実である場合は呼び戻しても問題はないが、まだ事実関係がはっきりしない場合や特に生徒同士の利害が絡んでいる場合は、強引に呼び出すと加害者として疑われた本人だけでなく、保護者からも「うちの息子（娘）はそんなことをする子ではない。なぜ犯人扱いするのか！」といった苦情が寄せられる可能性が高い。仮に事実だとしても電話で情報が漏れるため、事情聴取の前に口裏あわせや証拠隠滅が行われる恐れもある。

家庭訪問をして確認する方法もあるがそれもあまり勧められない。家庭訪問とは、言い方は悪いが敵陣に乗り込むことである。まだ事実関係が不明確な時、悪いことをした生徒が親などの家族に守られた環境でどれだけ本当のことを言うだろうか？「心に訴えるように粘り強く働きかければ、必ず本当のことを言ってくれるはずだ」という方は、あまりにも学校現場や世の中を知らなさすぎる。

残念ながら現代は大人も子供も、目先の損得のために平気で嘘をつく時代である。疑うようで悪いが自分が謹慎や自主退学になるかもしれない時、最初から正直に話すとは考えにくい。それどころか前述のように開き直るとかキレたふりをして、教師にプレッシャーをかけることすらあるのだ。中途半端な聴き取りで行き詰れば、事件は永久に解決せず被害者が泣き寝入りすることになる。

話を戻そう。つまりこのように恐喝自体極めて立証しにくいケースでは、翌日授業終了後に自然な形で女子生徒を残し、事実関係を確認の上お金を返させるのがベターなのだ。しかしまったく常識が通用しない父親なので、いくら「翌日学校できちんと調査をして、必ずお金は返させる」といっても納得せず、物別れとなった。

警察に訴えた父親

その日の午後七時頃だったと思うが、警察署生活安全課から学校に電話が入った。私が応対したのだが、予想通り男子生徒の父親が警察に訴えを起こしたのだ。しかし電話で一方的に支離滅裂な主張を繰り返すので、警察署員も困ってしまい学校に様子を聞いてきたというわけだ。私は事の経緯と現時点では恐喝の事実すら疑わしいという状況を一通り説明した上で、学校内で何とか解決することを伝えた。

そして午後一〇時前に再び父親から学校に電話があったのだが、やはり酒乱状態でまともに話ができないため、私は名前を明かさないまま学校職員として対応した。

「その後どうなったか、待っているのに学校からさっぱり連絡がない。どうするのかきちんと説明しろ！　担任はどうした！」

あいかわらず電話口でわめき散らすばかりである。私が、

「今日は遅いので、明朝あらためて担任から電話を入れさせますので」

と丁寧に話しをしても、

「だめだ、待てない。すぐ電話しろ！」

という一点張りなので、私は仕方なく、

「遅い時間なので通じるかどうかわかりませんが、一応担任には連絡しておきます」

と言って何とか電話を切った。その直後担任に父親とのやりとりや状況を伝えた上で、明日必ず女子生徒の事情聴取を行うこと、お金は相手から必ず返させることについてだけ再度簡潔に説明するように頼んだ。

しかし予想はしていたもののこの日はまだまだ終わることがなく、約三〇分後に担任から私の携帯に電話が入った。

「いくら説明しても納得しません。『指導の手落ちだ。なぜ学校はすぐ動かない。責任者を出せ！』と絶対に引かないので、『教頭に連絡してみます』と言いました。すみません」

やはりそうかと思いながら、午後一一時前に帰宅した私は電話の前に椅子を寄せ、「さあ、長期戦を始めるか」と独り言をいったら、妻がどうしたのかと尋ねた。簡単に事の経緯を説明したらさすがにあきれた表情を浮かべた。

ところで私は電話する前に方針を決めていた。いくら丁寧に説明をしてもあの父親を理解させ、納得させることは無理に違いない。だったら学校の指導方針を貫き通し、たとえ何時間かかろうと父親に「うん」と言わせるしかない。

こう私は覚悟を決め父親に電話をかけたのだが、予想通り先ほどと変わらず酒乱状態であった。一応今日の動きや明日の調査の計画等を説明したが、聞き入れるはずもない。途中からは同じフレーズの繰り返しとなった。

私「お父さん、明日調査して解決をはかるのでもう一日学校に任せてください」

父親「だめだ、すぐやれ！　できないなら警察に頼む」

何回押し問答を繰り返しただろうか、ついに父親がトーンダウンしてきた。

父親「本当にできるのか？　嘘つくなよ」

そこで私は一気に押し切りをはかった。

私「任せてください。必ず何とか解決しますのでお願いします！」

やっと父親から承諾の返事をもらい電話を切ったら、午前零時を回っていた。

借りてきた猫のように

翌日、早速生徒課・学年職員が女子生徒を呼び出し、聴き取りを行った。やはり予想した通り本人には恐喝の感覚がまったくなく、何回か催促はしたようだが、実際おごってくれると約束した食事代をせがんで貰っただけだった。そこで「男子生徒が納得していない以上お金を返すべきだ」と言うと、多少不満はありながらも承諾してお金を返した。

お金が戻ったので、その日の午後に男子生徒と保護者を学校に呼び出し、事実関係と指導経過を説明しながらお金を返すことにした。さてその説明役だが、お金は戻るから大もめにはならないと考え、まず生徒課と学年主任・担任が対応することにした。ただ、あれだけかき回した父親であるから突然何を言い出すかわからない。私はいつでも助太刀できるように職員室でスタンバイしていた。

両親来校後、三〇分くらい経っただろうか。心配しながら待機していた私のところに、学年主任が意外な報告を持ってきた。なんと父親は借りてきた猫のように学校の説明に対し何も言わずうなずくだけで、一切反論もせず納得のうえ帰っていったというのだ。まさに拍子抜けであったが、一連の言動を私なりに分析してみると、この父親はもともと多重人格で、酒を飲んだ時には全く別人になってしまうと考えれば一応の説明はつく。素面では気の小さい真面目な人かもしれず、特に電話の場合相手と直接顔を合わせないから、普段言えないことを酒の力を借りて強気かつ一方的に主張してしまったのだろうか。

周りの人間はたまったものではないが、一件落着となっただけに、私にはこの父親を許せるだけの気持ちの余裕はあった。

上司の信頼と妻の支え

以上、モンスター的な事例を紹介したが、全体から見ればまだまだ常識的な保護者も多いことはつけくわえておきたい。

さて、保護者との関係で、近年学校や教師の「責任の範囲」がよく取りざたされるが、どうも現代は「責任を取る」覚悟と、実際に「責任が取れる」範囲が異なる傾向が強くなっているようだ。学校の部活動や課外活動においても、生徒の実態を一番把握している部顧問や担任にある程度の現場裁量権があるのは当然だが、それぞれ自己が負える責任の範囲はきちんと把握しておく必要がある。そして、自分で責任を負える範囲なら独断でもかまわないが、責任を負いきれない事柄に関しては、次の①~④のいずれかの方法をとるのが良いだろう。

①実行を中止する
②事前に管理職に説明し許可を得る
③事前に管理職に相談し、その判断に任せる
④高い危機管理・責任能力があり、最も信頼できる上司・先輩に報告や相談の上判断する

この判断を誤ると学校の責任問題や不祥事にもつながることになる。

年々外圧が厳しくなる学校現場で、特に教育困難校時代私が本当に心強かったのは、当時の管理職が執拗な外部の圧力に屈さず、学校の指導方針を揺るぎなく貫き、私（生徒課長）ごときのやり方を支持し続けてくれたことである。

私は常々仕事のやる気や充実感は、人（特に上司）からの信頼によって造られるものだと

思っている。古い言葉かもしれないが「この人のためなら」と思えた時に、人は恐ろしいほどのパワーを発揮する。私はある教育困難校で非常にやりがいのある重要な仕事を与えていただいた。その信頼に応えるため、絶対校長・教頭に恥をかかせてはいけないと肝に銘じ、身体を張って仕事に取り組んだつもりである。もし自分が失敗すれば、校長が責任をとる羽目になることを片時も忘れず、自分自身を緊張状態において行動した。

しかし時にはなかなか解決の糸口が見つからず、もし自分の判断ミスで取り返しのつかない事態になったらと弱気になり、〝辞職〟の二文字が頭に浮かんだことも何度かあった。それでも上司や部下に信頼されているという安心感のほうが大きく、生徒課長・学年主任としての数年間ほとんど前向きでいられたと思う。

私の場合、妻の支えもひじょうに大きかった。夜遅くの帰宅、頻繁な警察回り、昼夜を問わない学年主任・担任や警察からの電話など、気の休まる時はなかったに違いない。下手をすれば私だけでなく、家族にも嫌がらせや危害が及ぶかもしれない状況にありながら、妻からは一度も学校や仕事への不満・愚痴を聞いたことがなかった。おかげで私はどんなに疲れて、また落ち込んで遅くに帰宅しても、常に我が家が精神的に安らげる場所であったため、十分に睡眠をとり英気を養うことができた。翌日目が覚めると「よしっ、今日も頑張るぞ！」と気合を入れ、毎朝の校門指導に出かけたことを思い出す。本当に妻には感謝している。

第4章　教師の果たす役割とは

1　どこまでが学校の責任なのか

日本の学校（教師）は、問題のある生徒を校内できちんと指導できればそれでよいわけではない。生徒が校外で問題行動を起こした場合でも、その指導責任を問われることがある。

何年か前、デパートの高架駐車場から中学生が子供を投げ落とすというショッキングな事件があったが、私は事件直後加害生徒が在籍する中学校の校長が、記者会見を行い深々と頭を下げていたことを鮮明に覚えている。なぜならその対応がどうしても納得できなかったからだ。私は心の中で「おい、違うぞ。まず謝るのは本人（未成年なら親）だろう。なぜ学校が先に謝らなければならないのか、いや謝る必要があるのか？　人を殺してはいけないことを教えるのは、中学校や高校の指導の範疇なのか？」と叫んでいた。しかもテレビに校長の顔が映ることで、近隣地域では簡単に学校が特定されてしまったのである。

「全校生徒に一人でも殺人者が出たら、つまり一〇〇％全員に〝命の大切さ〟を伝えられなかったらそれは学校の責任だ」という考え方は、裏を返すと「しっかり教育すれば殺人者は絶対に出ない！」という全知全能の力を教育（学校）が持っていることになる。私に言わせればそれは教育のおごりである。もちろん校内や学校管理下で起きた事故については、学校側が管理監督責任を問われることがあるだろうが、この事件は校外での一般人に対する凶悪犯罪である。少なくとも学校が世間に対して記者会見まで開いて謝ることはないはずだ。いや、それどころか学校の名誉を傷つけられ評判を落とされたことで、校長は遺憾や不快感、悔しさを表明しても良いくらいだろう。

もう少し身近なケースを考えてみよう。繁華街で制服姿の高校生がたばこを吸っていたとする。それを見た皆さんはどこに通報するだろうか。見て見ぬふりをしないとすれば選択肢は①学校、②警察、③保護者（本人に注意後）が考えられるが、おそらく学校が最も多いのではないだろうか。これが交通違反だと更に確率は高くなる。

「さっき青信号で車を発進させたら、お宅の生徒の自転車が信号無視で突っ込み、もう少しで跳ね飛ばすところだった。学校は普段どのような交通指導をしているのか？　きちんと指導してもらいたい！」

というような苦情を皆さんは学校に言ったことがないだろうか。

私は今までに数えきれないくらいの苦情電話を受けている。確かにその多くは正しい指摘であり、生徒のほうが悪いケースが圧倒的である。英国のような校門を一歩出たら学校の管轄外となる国では、校外からの苦情自体ありえないが、日本独自の文化・風習などを考えれば、私は学校の「校外指導の意義」を一概に否定はしない。

従って学校が担う交通安全指導の必要性にも異論はないが、学校管理下での活動中を除いて、学校は生徒個人の法規違反の責任まで負うものではないはずだ。例えば下校途中高校生が自転車で歩行者をはねる加害事故を起こした場合、損害賠償を学校が負担することはまずないだろう。つまり「どんな指導をしているのか?」と「どう責任をとるのか?」は別問題ということである。

幼・小・中・高を問わず、まったく交通安全指導を行わない学校は全国探してもほとんどないと思う。では中・高校生の場合なぜ違反が後を絶たないのかといえば、交通ルールをわかっていながら面倒くさくて守らないことと、違反してもたいした罰則にはならないからである。

私は大人の自転車運転を注意して観察したことがある。確かに二人乗りは少なかったけれども、一旦停止違反、信号無視、右側通行、傘差し運転、無灯火などは高校生の違反とほとんど同じだった。皆さんも昔自転車に乗っていた時を思い出していただきたい。一度も交通法規違反をしていないと自信を持って言える人が何人いるだろうか。

ではなぜ高校生の違反が目立つのかといえば、若くて運動神経が良いということもあるが、高校は自転車通学者の数が圧倒的に多く、朝夕特定の時間帯に集中するためである。大人もルールを守らないような状況で、いくら口を酸っぱく注意・指導してもその徹底は難しい。

あきらめて放任するわけではないが、教師が直接監視や指導できない場所では本人の自覚や規範意識に任せるしかないのだ。そして事故を起こしたら当然自己責任であり、未成年なら相手方への補償・賠償は保護者が負い、学校はあくまでも校則に照らし合わせて本人に対する指導と再発防止の安全教育を行うのが役目である。

しかし現実に一般市民は高校生に恨まれたくない気持ちもあるのか、生徒（保護者）に直接注意をしたり警察に通報したりする人は少なく、電話しやすい学校に怒りの矛先を向けてくる。本心では学校に言ったところで問題が解決するとは思っていないのかもしれないが、収まらない怒りや不満のはけ口として学校を利用する。確かに応対した教師が苦情を親身に聞くことによって徐々に怒りが収まり、学校への責任追及まで至らないケースは多い。しかし全てではないにしろ年間何十回も、時には一方的で横柄な罵声や苦言、叱責等を受け止める教師のストレスは計り知れない。

私は担任をしていた時、生徒が自転車で接触してケガを負わせた歩行者（女性）の夫から電話で自宅に呼び出されたことがある。本来は学校が直接関わることではないのだが、相手の気持ちを和らげる意味もあり、生徒を連れて被害者宅を訪れ謝罪するとともに、学校として再発防止のため、交通安全指導を徹底することを約束した。この他電話も含めて謝ったケースは数知れず、おかげで営業担当者のような腰の低い演技力も身に付いてしまった。

岡本薫氏は著書『世間様が許さない！』（ちくま新書）で「日本的モラリズム」と定義づけられたが、まさに世間様は高校生を一人前とは見なさず、学校を親代わりと考えて指導の責任を追及する。私は今のように高校生の人権・自由を認めるならば、交通違反や事故は当然自己責任であり、大人と同様当事者がその場で捕まえて注意や交渉をするか、警察に通報すべきであると思う。それでも自転車の軽度な違反にまで警察の手が回らないようなら、「自転車免許制」を導入するしかないだろう。

このように法的責任には疑問がある中で、学校が謝罪等矢面に立たされている厳しい現状はぜひわかっていただきたいのである。

ファイルNo.28 コワーイご近所さんからの苦情

ある平日の午後、学校に外部から苦情電話が入ったため私が応対したのだが、電話口から聞こえる声はドスがきいていてまさに迫力満点であった。

「おい、おまえんとこのガキが、スーパーの駐車場にたむろしてたばこを吸ってやがった！あんまりでかい態度なんでとっ捕まえてある。どうする？　警察へ突き出していいか？」

私は低姿勢に、

「それはお手数をとらせて申し訳ありません。今すぐそこへ引き取りに伺うのでよろしくお願いします」

と答え、直ちに生徒課長と共に現場へ急行した。駐車場に到着すると奥のスペースに黒いシールドを貼った車があり、その前にサングラスをかけた怖そうな男性と連れの女性が立ち、対面する形で緊張した面持ちの生徒数名が直立していた。私はその男性に指導のお礼を一言述べるとすぐ生徒の方に向き直り、こっぴどく叱りつけた。

「おまえら、何やってんだ、ふざけるんじゃない！　白昼堂々人目のつくところで集団喫煙するとはいい度胸だ。真面目に勉強しようという気があるとは思えん。スーパーや地域の方、学校にどれだけ迷惑をかけたかわかってんのか！　俺は絶対に許さん！」

その迫力に押され生徒達はさらに緊張し、「すみません」を繰り返したのだが、これは私の作戦（演技）でもあったのだ。捕まえてくれた男性の人となりは電話の口調から概ね予想できた。推測ではあるが「最近の先公はだらしがない。どうせたいした指導もできないだろう。だから俺が代わりに叱ってやったんだ。警察に突き出すといえば困って懇願してくるに違いない。少しからかってやるか」と考えたとしても不思議ではない。その男性主導で事を運ばせないために私は先手を打ったのだ。

もちろんそれと同時に生徒達をびびらせることで、後の指導をスムーズに運ぶ狙いもあった。予想通り男性は「おや？」と言う表情を浮かべ、まさか教師がこれほど叱りつけるとは思わなかったようだ。一通り生徒への説教が終わった後、私は男性の方に向き直りあらためて指導に感謝したところ、これ以上のプレッシャーはかけられないと思ったのか、

「二度と起こさんようにしてくれよ」

と言っただけで我々にあっさり生徒を引き渡し立ち去ったのだ。

実はこの喫煙生徒を捕まえてくれた男性とはもう一度関わりがあった（と思う）。日頃からこの高校の周りでは、喫煙ばかりでなくゴミの投げ捨ての苦情も多かった。スー

パーでの喫煙事件から二、三ヶ月後、学校にかかってきたゴミ捨ての苦情電話に私が応対したが、すぐにその声・口調が喫煙生徒を捕まえた男性と似ていることに気づいた。悪い点はきちんと謝るべきだが、余り下手に出ると何を要求してくるかわからない。私は冷静かつ毅然と対応したのだが、以下がそのやりとりである。

男性「おまえんとこの生徒が食べ歩きをしながら、俺の庭先や前の道に包み紙やペットボトルを投げ捨てて困る。何とかしろ！　学校はどう責任を取るんだ！」

私「ご迷惑をおかけしてすみません。早速生徒達に注意するとともに、ゴミの投げ捨てをさせない指導を徹底したいと思います」

男性「おい、謝ればすむことか。お前らがどう責任を取るか聞いてんだ！」

私「ですから再発防止のための指導の徹底と見回りの強化をしたいと思います」

男性「おい、俺があいつらをとっつかまえて警察に突き出してもいいのか！」

私「直接注意しても反抗的な態度をとるようなら、学校の指導にも聞く耳を持たないわけですから、いきなり警察に通報してもかまいません」

私はごく当たり前の応対をしたつもりだったが、相手の怒りはなかなか治まらずますます激高してきていた。やはりこの男性は前回の言動からもわかるように、相手を脅すことでフラストレーションを解消したり優越感に浸ったり、あわよくば自分の要求をも通そうとするタイプのようである。つまり男性にすれば私が脅しに動揺を見せず、安請け合いもしないのは計算外であり、相当おもしろくなかったのだろう。しかし私からすればゴミ捨てのマナー指導や巡回等の約束はできるが、一方的な要求に対しては慎重に返答せざるを得ないのである。私の落ち着きにいらだった男性はついに、

「てめえは誰だ、誠意がない。名前をいえ！」

と言ってきた。自分から名乗らないような人間に答える必要はないのだが、このまま対抗すれば収まりがつかなくなると思い、この後の相手の動きを予測しながらも、

「私は教頭の和田と申します」

と答えたところ、男性は、

「てめえ、県教委に訴えてやる！」

と言って乱暴に電話を切った。

その約三〇分後、予想通り県教委の指導主事から私あてに電話が入った。匿名の人物からで「生徒のゴミの投げ捨てを何とかしてほしいと学校に頼んだのに、和田という教頭は誠意がなく真剣に聞こうとしない、何とかしろ！」という抗議の電話だったという。私は先ほどの電話のやりとりを説明し、学校としてできる範囲の指導は約束したことを話すと、県教委でも彼の人となりは電話の口調から想像がつくとみえ、私の対応に理解を示してくれて、「大変ですね」というねぎらいの言葉で話は終わった。

あの時私がもっと動揺したふりをしてカウンセラー役に徹すれば、県教委に訴えられること

はなかったかもしれないが……。

ファイルNo.29　通学電車内でのマナー指導

学校関係者の方ならよくわかると思うが、教育困難校に限らず高等学校には外部からよく苦情電話が入る。ある時外部の女性から、

「お宅の学校の生徒は、電車内でのマナーが悪くて困る。ドア付近に座り込んだり、大声で話したりふざけあったり、座席を我が物顔にいくつも独占したりして、本当に態度が悪い。学校はちゃんと指導しているのですか。何とかしてほしい！」

という、まさに怒り心頭といった猛烈なお叱りであった。

どこの高校にも真面目に一生懸命がんばっている生徒が必ず何割かいるわけで、そういう生徒の実態も見てほしいのだが、悪い行為しか目にしていない相手にいくら電話で説明しても、弁解に聞こえるだけで逆効果になる。もちろんその場で相手の要求を安請け合いするわけではないが、学校（教師）は、悔しいけれどもとりあえず外部の方の苦情に対して、低姿勢に「すみません」と謝るしかないのだ（信憑性に欠ける場合には後で事実確認する）。

しかしこの勤務校ではほとんどの教師が、普段からマナー・礼儀について、どの学校よりも口がすっぱくなるほど指導していたから、頻繁に外部から苦情が寄せられ、学校の評判を落と

すような事態を断じて見過ごすことはできない。私は事あるごとに生徒集会等で、「何でお前達の代わりに、俺らが謝らなくちゃならないんだ！」と八つ当たりする演技で生徒に緊張感を持たせることで、歯止めをかけるような指導を行った。ただ悲しいかな、教育困難校の生徒は習慣づけに時間がかかる者が多く、効き目も長続きしない。ひとたび学校から出ると安心感も手伝って開放的になり、せっかく教師から注意され、肝に銘じたはずの掟をコロッと忘れてしまうのだ。

本当に悪気がない生徒が多く、特にワルグループの下っ端ほどその傾向は強い。このような実態から、生徒達の校外での軽率な行動や迷惑行為を一気に減らすことは極めて難しく、そのため外部からの苦情もなかなか減っていかないのである。

しかしこのまま腕をこまねいていたら、地元における高校の評価は下がる一方である。私は何か効果的な指導法はないかと必死に考えたのだが、ある時ふとおもしろいアイデアが浮かんだ。それは「そんなに電車内での生徒の態度が改まらないのなら、我々が直接乗り込んで指導しよう」というまさに単純明快な作戦だった。早速私は会議を開いてこのことを提案したが、生徒課職員のほとんどが賛同してくれたため、高校では前代未聞とも思える「教師による通学電車内定例巡視」が決定した。

程なく電車内巡視がスタートしたが、何日目かに私も二人組で朝の通学時間帯の電車に乗り込んだ。車内を端から端まで移動していくと、真ん中辺の車両だったたか、学生服のボタンをはずし乱れた服装で足を投げだして席を二人分取るなど、周りの一般客にでかい態度をとっていた勤務校の男子生徒が目に付いた。

ところが彼は我々に気づいたとたん「何でうちのセン公が電車に乗ってるんだ」と言いたげに、一瞬口を開け唖然とした表情を浮かべるやいなや、さっと自分から服装を整え姿勢を正し、元気よく「おはようございます」とあいさつしたのだ。高校生の豹変ぶりを見て、その場に居合わせた一般客がビックリしたのはいうまでもない。我々とまともに視線を合わさず、警戒しながら恐る恐る様子を伺っている感じすらあった。

男子高校生ワル集団は、大人からみても怖い存在であり、注意をすると逆に因縁をつけられたり、時には危害を加えられたりするおそれもあるという。誰も自分から進んで危険な目には遭いたくないから、たとえ公共の場で高校生が傍若無人に振舞っていようとも、指をくわえて端から眺めているしかなかったのだ。しかし、それまで我が物顔だった高校生が、急に自分から服装を正しペコペコと頭を下げたために、一般の乗客はどうも我々を裏の世界か同類の人間と勘違いしたらしいのである。

いずれにしてもこの電車内巡視は、生徒課の先生方の朝早い勤務時間外の献身的な協力によって継続的に実施することができたのだが、月日が経つにつれ電車内での苦情も減り、かなりの効果を上げることができた。

この他駅構内では、番長を中心としたワル集団七~八名が電車を待っている間、一番弱い仲間を駅のホームから線路上に突き落とし、ホームに這い上がってくるたびにまた突き落とすという悪戯を、列車の到着直前までやっていたため、気づいてあわてて駆けつけた駅員に厳重注意されたことがあった。またトイレ内での喫煙や暴力事件なども何件か発生したのだが、私はそのたびに駅長さんに頭を下げにいった。確かに事件絡みのつながりは多かったが、あらためて地域との連携や信頼関係作りの重要さを痛感したものである。

ファイルNo.30　病的症状の生徒への対処

最近は不登校生ばかりでなく、登校している生徒の中にも精神的に極めて不安定であったり、医療的措置が必要だったりする者が増えている。本人が意識的・計画的に行ったことではないにしろ、次のようにあわや大惨事になりそうな事件を起こした生徒もいた。

・保健室でナイフを振り回して暴れまくり養護教諭を恐怖に陥れた上、自分の腕を切りつけ血を流した女子生徒
・友人間のもめ事の仲裁に入った教員に八つ当たりして首を絞め、周りの生徒や他の教員が引き離すまで興奮状態だった男子生徒
・自転車で車にぶつかり無視して立ち去ろうとしたが運転手に捕まえられたため、激しく抵抗して運転手を投げ飛ばした挙げ句その場で大泣きした女子生徒

・友人とよく口論になり、いらつくと学校のベランダから飛び降りようとしたり、壁に何十回と頭をぶつけたりした男子生徒

確かにこのような問題行動は、すべて本人の責任とは言い切れない面がある。通院治療を受けているような生徒は、自分の意志や理性ではコントロールできないパニック状態に陥ることもあるからだ。

したがってこのような生徒に学校生活での配慮が必要なことには私も同意するし、医者が治療の観点から「患者の気持ちや要望を最優先すべきだ」という考え方も理解はできる。だがそれはあくまで学校内で他の生徒や先生に危害を加えたり、大きな事件を起こしたりする危険がないか、または極めて低いという前提条件があってのことだ。前述の例でも一歩間違えたら新聞沙汰の大騒ぎになっていたと思う。もし仮に生徒が校内で同級生や先生を刺して大けがを負わせた場合、誰が責任をとるのだろうか。加害者自身に最も責任があるはずだが、未成年として一定の配慮がなされる上に、精神疾患で責任能力がないと判断されたら、被害者側はそれで納得するだろうか。相手がどんな状態であれ加害者をそう簡単に許しはしないはずだ。

さらに加害者だけでなく、危険な生徒の登校を許し問題を放置してきた学校の責任を追及する可能性も高い。もし学校側は登校に反対していたのに、医療機関側の勧めで登校した生徒が大事件を起こした場合、医師や臨床心理士はその責任をとってくれるのだろうか？

ちょっと皮肉めいた言い方になってしまったが、私は決して責任のなすりあいをしたいので

はなく、学校はまず〝安全〟が最優先されるべき所だからである。今後の対策としては、医療的措置が必要な生徒について、医療機関（医者）と学校（教師）が情報交換を密に行い、時には患者の意志を無視することになっても、生徒（患者）の治療と学校の安全との兼ね合い・バランスを熟慮し、規制も含めて柔軟に対応することが必要だと思う。

2　戦う熱い教師達

さてこれまで述べてきた難事件をかなりまで解決し、頑張り続けられたのは、何度も同僚教師に助けられたからである。その感謝の気持ちを込めて二人をここで紹介したい。

a教諭

さて、一人は前に登場した社会科のa教諭である。私とは同じ学年部ではなかったが、生徒課職員としてフル回転で働いてくれた。彼が元来持っているキャラクターでもあるが、何事にも熱いハートで前向きに取り組む姿勢が人を惹きつけるのだろう。a教諭は元々ユーモアたっぷりで幹事役がうってつけな、誰からも親しまれる人間なのだが、一旦仕事ともなれば、彼ほど様々な職場環境（職員・生徒・保護者等）に柔軟に適応・対応でき、どんな役割もこなせるマルチ人間はいない。

彼はこの教育困難校において自分の果たす役割をいち早く理解し、学年の生徒から最も恐れられる生徒課の強面教師として君臨した。ところが学年の番長グループからすれば最も煙たい存在だったはずのａ教諭を、中途退学した番長も、ナンバー２の生徒も、自分の結婚式に招待しているのだ。彼の厳しくも熱く魂に訴えかける指導がワル達の心に響いたということではないか。

私は「教育」とはすぐに答（結果）を求めたりするものではなく、また実際出せるものでもないと思っている。在学中は指導された意味がわからず、先生や学校に恨みや憎しみを募らせていた人間が、五年後あるいは十年後、いやもっと先に当時の指導の意味やありがたさに気づくことは意外に多い。ａ教諭が本音でぶつかり、体を張って番長達に人生を教えた指導こそがまさしく「教育」であると私は思う。

教師はある意味「役者」でなくてはならないというが、ａ教諭はさしずめ超一流の俳優といえるだろう。私は彼を絶対的に信頼し、財布窃盗事件、番長のガン飛ばし事件など様々な事件の解決に協力してもらった。この先彼はどんな学校に赴任しても上手に適応して職員との協力関係を構築し、必ず勤務校や生徒を良くするために働いてくれることだろう。

ｂ教諭

もう一人は教育困難校で私が学年主任をした時の担任であったｂ教諭である。彼は私より一回りも若い体育教師で、まさに私の右腕的存在だった。生徒指導の力量が卓越している彼は、問題行動の多い高校では欠かせない存在であり、大変頼りにしていた。しかし、学年のワルどもが逆らえないようなカリスマ性があるだけで、私は彼をここで紹介するつもりはない。体育の教師が、ワル達をきちんと指導できるのは驚くに当たらないからだ。私が彼を高く評価するのは、部活や生徒指導以外の分野（特にクラス運営）でも素晴らしい能力を発揮したからである。

ｂ教諭は生徒達のやる気を引き出すのが実にうまく、学業成績でクラス全員赤点なしという教育困難校では奇跡に近い偉業を達成したり、球技大会等で何度も優勝したりするなど、抜群の経営手腕を発揮しただけでなく、問題生徒や個性派生徒の扱い方も実に巧かった。

私は入学式前のクラス編成時、特に注意を要する何名かの新入生について、誰に担任を引き受けてもらうか熟考したのだが、「両横綱」の男女二名は迷わずｂ教諭にお願いした。

そのうち女子生徒（U子とする）の方は超問題児として、すでに入学前から出身中学校より多くのホットな情報が寄せられていた。それによるとU子の交友関係の広さや交遊仲間の影響力は際立っており、市内中学の不良グループで知らない者はいなかった。大人の世界を知り、大人達を軽くあしらえるような少女を扱いきれる担任はそうそういるものではない。失礼な言い方だが、普通の教師ではつぶれてしまうおそれがあったため、ｂ教諭にお願いしたのだ。

前述の中学番長のケースと同様、私は早いうちに問題行動等をきっかけにした指導で彼女を手なずけたかった。しかし、こちらから動くまでもなくU子は入学早々の四月中旬に問題を起こした、いや起こしてくれたと言った方がよいだろうか。彼女は遊び仲間にパーティー券販売を頼まれ、高校の悪友と一緒に某中学校近くで帰宅途中の中学生を捕まえては券を売りつけようとしたのだ。路上で派手にやり始めたためすぐに中学校教員の知るところとなったが、メンバーの中に卒業生がいたことから名前がわかり、翌日中学から高校に連絡が入ったというわけである。私はすぐにU子を呼び出し、こっぴどく叱りつけたところ、さすがの彼女も私の剣幕に圧倒されたのか泣きながら謝罪をした。

その後U子はちょくちょく問題を起こしたが、指導にはきちんとのってきた。元々頭はよい子だっただけに理解力はあり、学校の成績でも赤点を取ることはなかった。

またb教諭は両親との関係作りも大変上手であった。学校での出来事や問題行動の指導について、その都度こまめに親に伝えて理解を得ると共に逆に家庭での様子を上手に聞きだし、時間をかけて本音で語り合える信頼・協力関係を築き上げたのだ。こうなれば本人を更生させるための厳しい指導も躊躇なく行うことができ、たとえU子が親に泣きついても学校の指導を信じて協力してくれたのである。その後残念ながら彼女は二年の途中で退学することになったのだが、大きな問題行動を起こしたからではない。むしろ悪い仲間から抜け出そうとして人間関係を崩したことが原因のようだったが、語学が得意な彼女には長期海外留学という積極的な目的があったことも事実である。U子が高校を退学する時、わざわざ両親揃って学校に挨拶に見え、今までのb教諭の指導に深く感謝しお礼を述べていった。今頃彼女はどうしているであろうか?

3　教育困難校のハードな勤務実態

今振り返ってみると、教育困難校での勤務は肉体的にも精神的にもかなりハードだったのだが、外部の方から見れば我々が普段どんな仕事をしているのか、実態は授業以外わかりづらいと思う。

私が学年主任や生徒課長として務めていた時期、生徒登校時の校門指導は毎日の恒例行事であった。生徒課長と全学年主任が毎朝七時四五分から校門に立ち、登校してくる生徒に「おはよう」と声をかけながら、服装・頭髪等が乱れていないかチェックするのである。普段から生徒指導が厳しい学校なので、登校時に注意や指導をされる生徒はそれほど多くなかったが、中には注意力散漫から、自分の服装の乱れを忘れてそのまま校門まで来てしまい、叱られる生徒もいた。

ところで我々は毎日ただ服装違反者を取り締まっていたわけではない。登校時の生徒の表情やしぐさを観察し、そのコンディション等を見分けて、非行やストレスの前兆の早期発見に努めていたのである。

また当時勤務校では、一般市民から通学電車内の生徒のマナー違反（座席の独占、大声や騒ぎ、ドア付近での床座り込みなど）に関する苦情電話をよく受けていた。そのため、前述のように年間何回か期間を定め、登下校時に教師が複数で電車に乗り込み、直接、服装・マナー指導を行った。

その後八時一五分にやっと正規の勤務時間をむかえる。朝の職員打合せでは当日の連絡事項が手短に伝えられるが、この勤務校ではその後ほぼ毎週のように臨時職員会議に切り替わり生徒の問題行動が協議される。まず私が「○月×日、生徒の□□が△△でCDを万引きし、警備員に捕まりました」などと事実関係を報告する。職員から質問を受けた後、謹慎等の原案が出され正式決定となるが、時間に限りがあり大変慌ただしい。

朝のショートホームルーム後授業開始となるが、教育困難校の生徒達の多くは勉強が嫌いで授業に集中できない者が多く、毎日六時間もの拘束は拷問に等しい。だからといって彼らのわがままを一旦許してしまうと、前述のようにいとも簡単に授業崩壊する。そのため年度最初の授業は、教師にとって勝つか負けるかの戦場と化す。

私はワル男子が何人もいる授業集団を受け持った時、最初の授業でなかなか起立しなかった男子生徒を意識的にターゲットとして、わざと隣教室まで響くような大声で叱りつけた事があった。その時ワル達は「こいつに逆らったら損だ」と思ったらしく、以後、一切反抗的な授業態度は見られなかったのだが、こうして私は授業の主導権を握ったのである。

貴重な昼休みの時間も休息には程遠かった。生徒課職員は学年の生徒指導担当として交代で校舎内外の巡視を行ったり、問題行動を起こした生徒の指導原案作成のため生徒課会議に参加したりと大変忙しい。年間の問題行動が一〇〇件以上となる学校である。時間を有効活用するため、昼食持込で会議を開くことはしょっちゅうだった。

授業の空き時間も有効活用し、指導のための緊急学年会議を開いたり、別室で校内謹慎している生徒（数名以上になることも）を見回って観察や面談を行ったりする。生徒課長はこの空き時間や放課後を利用して近隣警察署・サポートセンターや中学校などを訪問し、情報交換・収集を行うのが役目だった。さらに突然の来訪者への対応も主に課長の仕事であったが、来るのはほとんどが学校を批判する類の人たちである。保護者や近隣住民ばかりでなく、不審者、直接苦情に乗り込んでくる者、さらには弁護士関係者や議員・秘書まで来たこともあり、その都度誠意を示しながらも毅然と対応せねばならなかった。

定期的に行われた全校・学年集会や服装検査も他校に比べて回数・時間ともかなり多かった。また、保護者を召喚しての生徒引き渡しや、謹慎等の指導も、問題行動を起こした生徒が年間一〇〇人とすれば、毎年二〇〇回（問題行動一件につき申し渡しと解除で二回）は必要となり、早朝（勤務時間前）、授業の空き時間、放課後、夜間など時間に関係なく頻繁に行われた。

放課後になるとまた忙しく、定期的に下校指導や前述の電車内マナー指導を行ったが、外部からの苦情電話・垂れ込み電話への対応も増えてくる。中には俗に〝ピストル電話〟と呼ばれ、自らは名乗らず、生徒の不法（犯罪）行為を名指しで訴えてくることがあるが、その何割かはがせネタで学校や生徒を貶める策略であったりもする。だから我々は、匿名の電話については必ず名前を尋ね、名乗ってもらえない場合はすぐ事実としては取り上げず、信憑性が確認できてから調査を開始するようにしていた。

一方現行犯の通報が入れば、生徒課職員はすぐ生徒の身柄確保や引き取り、謝罪等のために緊急出動しなければならない。その後学校に戻り、関係生徒の事情聴取や事実確認、情報の共有や作戦打合せとなるが、他校生が絡んでいる場合は他校との連絡調整を行って足並みをそろえる必要がある。特に本書冒頭で紹介した凶悪事件のようなケースでは仕事が深夜にまで及ぶこともあった。

問題行動を起こした生徒の謹慎指導は、高校の場合一定期間登校させず、家庭で反省させるのが普通なので、生徒課職員・担任・学年主任が平日の放課後はもちろんのこと、夜間や土日にまで家庭訪問を行い、生徒の反省状況の観察と指導に努めた。この勤務校のように問題行動生徒がべらぼうに多いと、指導にも膨大な時間と労力を要することになる。

毎年開催される文化祭の時にも我々は神経をすり減らす。それは校内の生徒間の揉め事より、不審者の侵入や他校生・有職無職少年と勤務校生徒とのトラブルのほうがずっと心配だったからである。そのためまだ事件が発生していない時でも、例年地元警察に協力を依頼して、あらかじめ校門付近にパトカーを配置してもらっていた。

他にも生徒課長は、地区別に高校が集まる「高生連」なる連絡会議に毎月参加する。席上警察からは少年犯罪や社会情勢などの情報が提供されると共に、各校からは生徒が起こした問題行動が匿名で報告され、その後対応策などが意見交換されるのである。

さらに当時大きな仕事として、勤務校の新たな生徒指導基準のマニュアル作りがあった。時代の変化もあり、問題行動を起こした生徒に対し処罰にこだわらず温情をかけ、生徒に借りを作らせ教師の指導に従わせるような義理人情に訴えるやり方は、私が生徒課長を担当した頃には段々通用しなくなっていた。つまり悪意はないが助けられたことを忘れ、教師を裏切ってしまう生徒が増える一方、指導力のある親分肌の教師が少なくなり、体罰絶対禁止という時代の流れもあって、教師の技量に頼って問題生徒を抱えることが難しくなったのである。そこでどんな問題行動を起こしたらどういった懲戒となるのか細かなマニュアルを作り、それに基づいて客観的に対処・指導する必要が生じたわけだ。

約一年もの歳月をかけ、勤務校の新しい指導マニュアルを完成したが、厳密に基準を適用していくと、複数回問題行動を繰り返すことで退学勧告せざるを得ないケースも生じた。しかし、実際にリーチがかかった時、該当生徒・保護者に後がないことをはっきり警告できるなど、客観的基準に照らして説明できるようになり、保護者が納得しやすくなったのも事実である。

以上、教育困難校における勤務の実態を紹介したが、毎日突発的に何が起こるかわからない状況の中、当時の私はかなり不規則な日常生活を送っていた。しかし平均的には朝七時過ぎに自宅を出て、午後九～一〇時頃帰宅することが多かったから、エリート官僚などと比べればまだましではないだろうか。また、どんなに忙しく大変な学校現場であっても、教師集団の結束・信頼関係が強固であれば、何とか仕事を全うできるものだという経験は、その後の教員人生の大きな支えになった。

4 退学と学校指導の限界

これまでファイルの中でも、生徒が退学に至った事件をいくつか取り上げたが、皆さんは俗に言う教育困難校の退学率がどのくらいだと思われるだろうか？　実はこの数字も地域や定時制・全日制などでかなり違いがあるし、同じ高校でもその年の受検倍率、生徒の特質、時代背景によって相当変動するため、一年間のデータを見ただけでは実態はわかりにくいと思う。

それでもある程度の学力を備え、退学者数が年間で数名（定員の約一％）以下程度の、ごく普通の全日制高校へ通う子供を持つ親御さんなら、すぐ周りで生徒の退学を見聞きすることは少ないので、教育困難校といってもその数倍程度を予想するかもしれない。

しかし超教育困難校ともなると、想像の域をはるかに超えてしまうのである。

私が勤務した昼間定時制の高校では、例年、卒業率が五〇％台に留まっていた。学力が高い生徒が一定割合は在籍する単位制の定時制高校でも、卒業率は六五～七〇％、通信制の高校になると卒業率は四〇％以下まで落ち込んでしまう。つまりせっかく入試に合格しても、大雑把にみて半分近くが途中で退学してしまうのである。ここまで拙著を読まれた方には、問題行動をきっかけに学校が多くの生徒を自主退学させるのではないか、との疑いを持たれそうだが、「はじめに」でも少し述べたように、それが理由となるケースはほんの一握りである。では一体どういった理由で退学するのだろうか？　長年の現場体験をもとに以下要因別に説明する。

まず一つ目に、生徒自身の目的意識のなさがある。教育困難校の生徒は一部の優等生を除いて、大学などの学歴にはあまり興味がなく、特に好きな専門科目を上級学校で学びたいとか、専門的な技術習得や資格取得を目指し進学してきたわけではない。ただ何となくその時その時を刹那的に生きてきたのである。だからちょっと高校での勉強が辛くなれば、簡単に進級を諦めて原級留置となる者や、さらに高いハードルの高校卒業には固執しない者が、一般の高校よりはるかに多い。

私はある教育困難校であまりにも無気力な生徒に対し、「お前は何のために高校に来たんだ」と問いただしたことがあったが、その生徒は元々高校に進学するつもりはなく、就職試験（新規中卒者対象）に落ちたため、他に選択肢もないので仕方なく高校を受験したら受かってしまったのだという。これでは叱りようがないし、当然卒業まで引っ張っていくのは困難を極めてしまう。

次は男女関係の深みにはまり、そちらを優先するケースである。ある定時制高校でのことだが、入学式で生徒代表として宣誓を行った入試成績トップの女子生徒が、男子同級生と恋仲になり、年度途中男子生徒の方が退学したのを契機に学習意欲を失い、結局年度末に自主退学してしまった。同じ高校では翌年度にやはり成績がトップレベルの二年生女子生徒が、子供ができたため彼氏との新しい生活を優先し、あっさりと学校を辞めていった。他にも似たようなケースは何件かあったが、私は彼女達の選択がすべて間違いだというつもりはない。いずれにしても、世間一般では当たり前に思われている「まずは高校卒業」という認識は、教育困難校において常識とはなりえないということである。

経済的な理由から辞めていく生徒も一定数いる。全日制教育困難校でも親が事業に失敗して借金を抱えたため、子供を高校に通わせられなくなったケースがあったが、この女子生徒も成績優秀で何の問題もない良い子だった。ちょうど私は学年主任をしていて、母親・本人と面談したのだが、経済的なやむを得ない理由であるにしても、彼女はしっかり学業生活を送っていたため、まだ高校に未練があるのではないかと思った。ところが「本当に辞めても後悔しないか?」と私がたずねた時、迷いのないさわやかな顔をして二つ返事でうなずいたのである。当時の私には理解しがたかったことをよく覚えている。

とにかく教育困難校や定時制高校では経済的に困窮している家庭が多く、授業料や諸会費の滞納者が全体の一割以上にも及ぶことも珍しくない。確かに何かと理由をつけて滞納を繰り返し、居留守を使ってまで金の催促を逃れ、諸会費等を未納（授業料を払わないままだと卒業延期や退学の可能性あり）のまま卒業してしまうような、まったく同情の余地のない悪質な〝踏倒し屋〟もいた。

しかし、先ほどのように事業の失敗で大きな借金を抱えたり、親が病気で働けず学費が払えなくなったりするような、何とか手を差し伸べたいケースも多々あった。中には父子家庭で父親の収入が乏しいため、満足な生活からは程遠く、一ヶ月も風呂に入れなかったという男子生徒もいた。この家庭は結局滞納した授業料がかさみ、生徒も学校を休みがちになって退学した。また母親が子供の面倒をみることを放棄してしまい、女子生徒が食事も満足にとれないという悲惨なケースもあった。

とにかく家庭の、特に経済的な問題に関して我々教師は深入りすることができない。なぜならば、本当に生徒を助けようとすれば金銭的な援助をするしかなく、仮に一教師が保証人代わりに何人もの生徒を抱えてしまえば莫大な借金を背負うことにもなりかねず、自分の家庭が崩壊するかもしれないからである。

経済的理由以外に、家庭内の人間関係の崩壊が原因となるケースも枚挙に暇がない。ある定時制高校の女子生徒は、母親からしょっちゅう暴力をうけたため何度も家出を繰り返し、一時的に保護施設で生活したが、登校する気力もうせてしまい学校を去っていった。

義理の父親から性的虐待受けていた女子生徒のケースもショッキングだった。ひょんなことで事実を知った担任から相談を受けた私が、即座に警察サポートセンターに連絡したところ、生徒はそのまま保護され、親には居場所を教えず施設で面倒をみてもらうことになった。その後彼女は退学こそしなかったが、原級留置となり保護される年齢を超えてしまったため、施設を出なければならなくなった。私は直後に転勤となったのでその後彼女がどんな生活をしているかはわからない。

またある父子家庭では、父親が酒乱で暴力を振るうため、家を飛び出して若い兄夫婦のアパートに転がり込んだ女子生徒がいたが、彼女の場合は、問題行動を起こしながらも何とか卒業にたどり着くことができた。

友達や仲間関係のもつれから辞めることも結構多い。暴走族に入り集団暴走行為で検挙されるといった問題行動で退学するケースはもちろんあるが、数的にそれほど多いわけではない。それより最近では、特に謹慎指導を受けるような不法行為をしでかすわけではないが、友人・仲間とつるんで夜中まで遊びまわるといった不規則な生活をして、遅刻・欠席を繰り返すうちに、学校への興味や意欲もうせてしまうパターンが多い。

アルバイトの生活が中心になりすぎた生徒も、生活のリズムが狂って遅刻・欠席が増加したり、収入を得たことで交遊範囲が広まったりしたため、学校で真面目に勉強する気がなくなってしまうようだ。進路意識の高い生徒ならアルバイトと学業のバランスをうまく取れるだろうが、前述のように高校卒業に固執しない生徒が多いため、すぐ楽な方に流れてしまうのだ。

よくセンセーショナルに取り上げられるいじめやからかいが、直接の原因で辞めていく生徒の数はそれほど多くはない。それでも学校としては、本人が望んでいないのに他からの圧力で退学に追い込まれる事態だけは何としても防がなくてはならないが、我々の思いとは裏腹に現実は非常に厳しい。

ある教育困難校で前年度の三学期から不登校になっていた男子生徒が、四月になって学校を辞めたいと申し出た。その理由に疑問を感じた我々が粘り強く聞き出したところ、彼は番長グループナンバー2の彼女と以前付き合っていたことから生意気だと思われ、約半年前に公園へ呼び出されてリンチを受けたという。被害生徒は中学時代からいじめを受けており、この事件が退学理由のすべてとは言い難いが、恐怖心が不登校に影響したことは間違いなかった。生徒の退学に関わる重大事であり、学校としてもこのリンチ事件を取り上げ、加害生徒達に無期謹慎以上の厳しい指導と仕返しへの歯止めを行い、被害生徒に早く安心して登校してもらいたかった。しかし、被害生徒・保護者とも事件の公表を頑として拒否したため、なかなか動きが取れない。結局我々の努力もむなしく被害生徒は六月中旬に退学を決断したのだが、この時は教師の無力さを嫌というほど思い知らされた。

さらに最近の顕著な特徴として不登校生徒の増加がある。定時制高校・単位制高校の一番の退学理由は「何らかの要因で学校に来たくても来られなくなる」ことである。先ほどのように仲間と遊びたいから、アルバイトの方が面白いからという積極的な理由ではなく、本人は学校に行きたい気持ち、真面目に勉強しようという気持ちはあるのに、なかなか足が向かないのである。今回は不登校の事例を分析するのが目的ではないので詳細は控えるが、不登校の発生状況はまさに多種多様であり、予測不可能である。入学後一日も休まず元気に登校していたのに、ある日突然欠席した後パッタリ来なくなって、そのまま三年も引きこもってしまったケースや、逆に二年も続けて出席時数不足で留年したが、突然登校できるようになったケースもあった。

確かに親の問題（教育熱心、厳格、過保護、夫婦の不仲等）や、本人の性格（生真面目、完璧症、消極的・内向的、非社会的等）、人間関係のもつれ（友人とのトラブル、先生との相性、クラスになじめない等）、遺伝・病気（親が不登校経験者、心療内科・精神科への通院歴等）などが不登校の要素であることは間違いないが、実際に発生した個々の事例について、決定的な要因をつかめないことが意外と多い。またおおよその原因はわかっても、「どうしたら不登校を克服できるか？」という処方箋がなかなか見つからない。残念ながらトータルで見ると、不登校の生徒が途中から登校できるようになったケースのほうが少ないのである。ある学校では毎年一〇〇名近くが退学し、単位が修得できずに原級留置にいたる者は二〇〇名以上いた。その多くは特に問題を起こすようなことはなく、周りには害を与えない不登校生徒なのである。

社会の底辺を支える人間を育てる

さて、一通り教育困難校・定時制高校生徒の退学理由について分類してみたが、いくら問題児であっても、教師なら誰でも何とか卒業させてやりたいと思うのは当然である。しかし彼らはかわいそうにも「高校に来たいわけではなかった、来るべき高校ではなかった」という否定的要素を持ちながら、現実には通学しているという矛盾を抱えている。だからあと僅かでゴールという三年生（定時制は四年生）の途中であっても、何かの障害にぶつかれば卒業に固執することなくあっさりと退学してしまう。

政治力のある議員さんの中には、「子供・保護者が希望する限り高校には入学させろ！」とか、「定員割れした高校は全員入学させるべきだ！」と主張する方がいるが、それが本当に子供達のためになるのだろうか？　行きたくもない高校にまで、世間体・学歴のために無理やり入学させてもうまくいくはずがない。定員割れした学校が受検者全員を合格させれば、努力せず目的意識もない生徒が多く入学する分、退学者は間違いなく増加するだろう。すると県（市）議会などからバッシングが起こり、「こんなにたくさん退学者を出すのは学校の責任放棄だ！」というお叱りを学校（校長）は受けることになる。いったい退学者増加の元々の原因はどなたが作ったのか……。

我々現場の教師はこの悲惨な結末が予測できるから、まったく意欲のない受検生は可哀想だが不合格にするしかないと思うのである。定員割れした高校で不合格者が出せなくなってしまえば、実質的には高校の義務教育化とほぼ同じことだ。そうなった場合、現状の教育制度のままでは、高校の授業についていけないレベルの生徒を大勢抱えることになる。特に教育困難校では、ただでさえ勉強したくない生徒を無理やり学ばせることで、教師と生徒の関係が教育とは程遠い殺伐としたものになるだろう。

ただ特に保護者が高校卒業や大学進学にこだわるのは、日本では社会が中卒者をほとんど受け入れないことや、高卒より大卒のほうが就職に有利だというシビアな現実があるためであり、何とか人より優れた学歴を身に付けさせようとする気持ちがわからないではない。しかし、こうした目先の損得に振り回される社会を変えていかなければ日本の明るい未来はない。

私達は、将来日本の中核を担うエリートが、充実した高等教育を受けられるように環境整備することはもちろん大事だが、同等に社会の底辺を支えてくれる人間が、安心して生きがいを持って働ける世の中にもしていかねばならない。体力で勝負する人、努力・真面目さで勝負する人、接客で並外れた能力を発揮する人など、それぞれが自分の持ち場で、幸せに暮らせる日本社会を再構築する必要があるのではないか。

自分や我が子のことばかり考えて、学歴・大企業就職・収入や財産で人より優位に立とうと躍起になり、その結果、学力・学歴は優れていても、信念、責任感や人間性に欠ける頼りないリーダーを生み出しているのが、現在の日本だと思うのは私だけだろうか。

5　教師不祥事に対するマスコミ報道の疑問

学校や教師の不祥事・事件は世間で一級スキャンダルの価値があるようで、セクハラ、体罰、学校管理下事故等の訴えがあったら、例えすべてが真実ではなくてもマスコミが取り上げ報道した時点で、学校（教師）は加害者＝悪者となる。特に体罰やセクハラ問題（わいせつは論外）は教育・指導の観点からではなく、被害者救済の視点からはっきり善悪に色分けられ、裁判に持ち込まれるケースも増えてきた。

もちろん実際に卑劣極まりない行為をする教師は存在するわけで、その事実まで否定するつもりはない。私が言いたいのは場の雰囲気に流され、無実・無関係の教師までひとくくりにしてしまう世論の危険性についてである。

現代の情報化社会は教師に限らず誰であっても、元来「正義」だった人が公の批判にさらされ、裁判等での負けが世間の周知となれば、「悪者」のレッテルを貼られ、それはなかなか剥がれない。「例え負けても正義を貫けば悔いはない」という人がいるが本当にそうだろうか？自分一人ならともかく、妻子や親、親戚、親友、勤務先、信頼する上司まで悪者扱いされるとしたら、はたして耐えられると言い切れるだろうか？　それでもかまわないという人は自己満足でしかないと思う。

つまり訴訟に関わるような問題については、まず「相手に負けないこと」が最も大事であり、焦って戦いを挑まず、冷静に状況判断・分析をしながら時間をかけて傷口を修復し、チャンスが到来した時に初めて勝負するのである。差し当たり負けさえしなければ、家族や親友、同僚・上司、組織を守り通せる可能性もあるのだ。

ここで最近幾つかの県で特に話題となっている教師の不祥事とマスコミの報道のあり方について考えてみたい。私が不祥事報道の疑問点を指摘し検証を行うのは、決して「同胞意識からの擁護論」などではなく、一人でも多くの方に何が真実であり、何が公正なのかをどうしても知ってもらいたかったからである。ぜひ読者の皆さんには、先入観念を捨てて、教師の不祥事問題を客観的・論理的に捉えていただければありがたい。

疑問その1　本当に教師の不祥事・犯罪は急増しているのか？

［検証］近年ある県で、一〜二ヶ月の間立て続けに数件もの教師の不祥事が起こってしまい、特に県教委は記者会見（謝罪等）やその後の対応・対策に追われた。確かにインパクトはあったわけだが、一方で平成二二年度警視庁統計によれば、教師による年間犯罪件数は全国で五〇一件（交通事犯や犯罪として立件されないセクハラ等は含まれない）にも上っている。当該県の人口数は全国比で約三％なので、発生率が全国平均とすれば、県内でも年間一五件は発生していることになる。従って短期間に数件不祥事が続発したからといって、一年を通して見なければ教師の犯罪が急増しているとは断定できない。

しかも全国データによれば、ここ一〇年間教師の犯罪件数は年間五〇〇〜六〇〇件でほぼ横ばいであり、全体の犯罪発生件数に占める教師の割合も、平成二一年度（〇・一八％）を除き、毎年約〇・一五％と、決して増えていない。

疑問その２　本当に教師は他の職業と比べて不祥事・犯罪を起こす確率が高いのか？

［検証］警視庁統計、労働省統計等から、職種別の人口数と犯罪発生件数を比較して、職種別犯罪発生率を調べてみた。「疑問その１」の教師の犯罪件数を、全国の教員総数の一二五万人（概算）で割ると、教師の犯罪発生率は約〇・〇四％となるが、この値は医療従事者・教師を含む専門技術職全体（〇・〇五％）より低いだけでなく、部課長・役員などの管理的職業（〇・一五％）や弁護士（〇・一一％）と比べても低いのである。また学生・無職を除く職業人全体の平均犯罪発生率（〇・一八％）と比べれば、わずか四分の一～五分の一なのである。

疑問その３　そもそも教師の不祥事・犯罪をゼロにする（根絶する）ことは可能なのか？つまり「不祥事根絶対策」は目的を達せられるのか？

［検証］教師の犯罪件数は、交通事故件数よりははるかに少ないが、それでも年間五〇〇件もあるものがゼロにはならないだろう。確かに県内に限れば年間平均一五件程度であるから、確率的には教師の犯罪がゼロという年度が稀にあっても不思議ではなく、実際一度あったと記憶している。しかし全体の発生件数から見て、半永久的に（長期間）ゼロを続けるのはまず不可能である。

世論・マスコミ等の厳しい批判を受け、勢い「不祥事根絶対策」に取り組み、罰則等を強化したとしても、多少は件数が減ることもあるだろうがゼロにはならないから、不祥事は毎年繰り返し発生してしまう。教育界はその度に反省して制度・罰則をより厳しく見直すという、永遠に解決できないデススパイラルにはまり、崩壊の道を辿ってしまう。つまり不祥事根絶を目指せば目指すほど、制度疲労に陥っていくのである。

疑問その4　「疑問その2」の、教師の犯罪発生率が職種別では極めて低いという事実を、マスコミが市民に伝えず、偏向報道することで大きな誤解を与えていないか？

［検証］　教師の不祥事は世間の格好の話題となるらしく、どんなに小さな軽犯罪でもほとんど新聞やテレビで報道されてしまう。そのためある県で仮に教師の年間犯罪発生総数が一二、三件であっても、すべて報道されれば、「毎月のように教師は不祥事を起こす」という悪い印象を世間に与える。ところが全国の職業人全体の犯罪件数は年間一一万件（平成二二年度）もあり、全国民（学生・無職者・老人を含む）の総件数だと三〇万件を超える（※交通事犯はこれに含まない）。

一方、先ほどの県の平成二二年度犯罪認知件数は三万九〇〇〇件以上あり、同年の検挙率は約三二％であった。逮捕されれば犯罪者の職業は判明するから、約一万三〇〇〇件もの犯人の職業がわかったわけだ。仮にすべて単独犯（最少人数）であり、県内の事件報道が一日三件平均だとすれば、マスコミは教師以外の事件を、一二件に一件の頻度でしか報道していないことになる。こうした実態（カラクリ）は未だに市民に明らかにされていない。
教師だけが「聖人君子」であり、飛びぬけて社会的地位が高く、崇高な職業なのだろうか？そんなことはなく、弁護士も、医者も、会社役員も、記者も崇高な職業だと思う。だとしたら教師と同等、いや犯罪発生率の高い職業ならそれ以上の頻度で事件を報道するのが公正であろう。特にマスコミ関係者は、「聖職者」（？）をも批判・指導する「社会正義」の役割を担っていることから、教師より更に清く正しく崇高であるべきだろうし、犯罪発生率も明らかに教師より低くなければならないはずである。まずその数値を国民に明示した上で報道してほしいと思う。

疑問その５　教師の不祥事の中でも、①校外において、②勤務時間外（校務外）に、③職務と無関係な人物又は財物に対する、④主に内面的欲求による個人の触法行為について、勤務校や全県の教職員が反省・研修する意味や効果はあるのか？

［検証］学校内の組織ぐるみの体罰とか、いじめの長期間放置などであれば、その当該校で研修を重ね対策を練り、効果的な再発防止策を施すことは意味がある。しかし右記①〜④は、組織や職務に無関係な個人の倫理観の問題である。県内でもほとんどの教師が倫理観に問題がなく、事件にもまったく無関係である中、「不祥事根絶」という名の下に全員に不祥事の反省と研修を科すことは、戒めや緊張感を持たせる意味はあっても、多くの教師のモチベーションを

逆に低下させてしまう。

また九九・九％に問題がなくても、教師が全国で約一二五万人、県で三万人以上もいる中では、法を犯す者はゼロにはならない。いや教師に限らずどの分野・世界にも、悪いことをする人間はわずかながらも必ず存在する。従って「悪い人はいないはずだからゼロを目指す」のではなくて、「触法行為・不祥事は必ず起きる前提に立って、その数値をどこまで下げられるか」という視点で具体策を施すべきであろう。

このように教師の不祥事報道には多くの疑問点があるばかりか、その負の影響は計り知れないのである。今も「教師は聖職者であり、尊敬される職業である」と考える人は、年配の方を中心にまだ少しはいるだろう。しかしそのことが根底にあるのか、特に有識者・マスコミ・政治家・文科省のお役人などは「教師はかくあるべし」という理想像をすべての教師に求めているように思える。教師も一人の人間であり、良い人もいれば一部に悪い人もいる。

また教師がいつも成功するとは限らず、時には失敗したり悩んだりするから、理想と現実との間には大きなギャップが存在する。ところが理想主義（？）の有識者・著名人の方々は「教師は生徒の鏡であり、誰一人絶対に悪いことをしてはいけない」ということを金科玉条のように考え、先生がちょっとでも問題を起こそうものなら、「教師のくせにこんなに悪いことをするなんて絶対許せない！」と憤り、マスメディアを媒介とした圧倒的な広報力で教師をたたく。

確かに悪いことをした当事者が批判されるのは当然ではあるが、冷静に考えて現実に不法行為をする教師が、国内にただの一人もいないことなどあるはずもなく、先ほどの検証でも証明済みである。ところが犯罪発生率が、職業別には最も低い部類に属する教師の不祥事を、新聞やテレビがあまりにも大々的に取上げるため、メディアリテラシーを備えていない国民であれば、「最近の教師は悪いことをする奴が多い」と世論操作され、個人への批判がいつの間にか教師全体や学校批判という大きなうねりとなっていくのだ。このように教師の不祥事に限らず、日本のマスコミが犯している最大の過ちは、たとえ意図的ではなくても、極めて特殊なケース（事件）をあまりにもセンセーショナルに報道することで一般化してしまうことである。

さて、不祥事が起こるたびに、慌てふためく文科省や政治家、地方自治体は再発防止に躍起になり、県（市）教育委員会は幹部級がメディアの前でそろって頭を下げさせられ、「県民（市民）の皆様に御迷惑をおかけして申し訳ありませんでした。以後このようなことが起こらないように再発防止に努めます」

というワンパターンの謝罪を繰り返すことになる。しかし二度と不祥事を起こさないことなど不可能なのは先ほどの検証のとおりである。

アメリカにおいて危機管理とは、各職場・仕事内容ごとにどのくらいの割合でミスやルール違反・犯罪が発生しているかを過去データなどから計算し、予め生じるリスクを考慮して目標値を定め、具体的な予防策等を施して被害・損害の縮小に努めることだという。つまり最初からある程度のミスや犯罪の発生とそのリスク・被害を想定した上で対策を講じるのであり、犯罪・不祥事をゼロにしようなどという非現実的なことは考えない。ところがご承知のように日本では特に医者や教師、警察官は皆完璧でなくてはならないのである。教師である私が言うとお叱りをうけそうだが、例えばこんな考え方はどうだろうか？

※日本の職業人全体の犯罪発生率は平均〇・一八％だったから、教師は職業柄もう少し厳しい基準を考え、例えば発生率〇・〇五％以下に目標設定する。そして実際に教師の犯罪が発生したら、その当事者は法に照らして厳しく処分するが、全体で数値目標をクリアしていれば他の教師や学校へのお咎めはしない。また目標値をクリアするだけでなく、前年比で犯罪発生率が下がれば、例えゼロでなくても組織や社会全体できちんとその成果を評価する。

冷静に考えれば極めて現実的だと思うのだが、前述の通り情緒的な日本社会ではそうならないのである。

さて話を戻すが、教師の不祥事が発生する度に文科省の通達・指導により、県（市）教育委員会を通して全国・全県の学校（主に公立校）や教師に、様々な制約や努力目標が課せられ、罰則も厳しくなっていく。

皆さんにも考えていただきたいのは、生徒からの評判がすこぶる良い優秀な教師も、仕事上問題のない大半の教師も、ごく一部の触法教員・指導力不足教員のために、すべて一緒くたにされて不祥事の反省をさせられるのである。

本当にこれでよいのだろうか？　生徒指導の基本スタイルは「生徒を信じること」だといわれ、生徒（子供）が何度裏切っても教師は諦めないでチャンスを与えて指導することが多いのに、特に政治家・マスコミ関係者などは、大人である教師を根本的に信用していない。だから教師の不祥事が起きれば、その当事者ばかりか全員が反省させられ、管理が厳しくなるのである。

中でも最も厳しい罰則は交通事犯に関するもので、各自治体で多少の差はあるが、教師の酒気帯び運転は原則として懲戒免職である。しかしただ検挙されただけで事故を起こしていない場合、自主的に申告しなければ違反がわからないケースもあるはずだ。生徒指導なら正直に申し出れば当然情状酌量されるはずなのに、教師の場合は正直に届け出たら最後、クビなのである。こんな矛盾がある罰則だから、厳しくすればするほどもみ消そうとする者が逆に増え、正直者がバカをみるような事態となる。

こうした管理が進むことで、真面目に頑張っている多くの教師に失敗できない圧迫感と閉塞感を生み、現場の活力・意欲を失わせてしまうのだ。このままでは決められた役割や、一人で責任を負わなくてもよい安全な仕事しかしなくなる教師が増えていき、体を張った厳しい生徒指導は鳴りを潜め、教師の動きを見透かした生徒達は、わがままにやりたい放題となっていくだろう。抑えが効かなければ、つまり教師の歯止めがなければ、問題行動が発生しやすくなるのは当然である。

6　私が学んだこと、成すべきこと

最後に、これまで述べてきたワルなどが起こした事件の背景を探り、主に学校関係者へ未然防止策をアドバイスすると共に、私自身がワル達から学んだこと、さらには日本再生の青写真についても述べてみたい。

（1）問題行動の背景にあるもの

さて、これまで高校の多岐にわたる事件や問題行動を取り上げてきたわけだが、ワル達はどうしてこうも事件やトラブルを起こしてしまうのだろうか？　以下私の長い実体験から、その背景・要因となるものを探ってみることにする。

本人の資質的問題

まずは高校生自身に起因する問題である。私は今まで数多くの事件に遭遇してきたが、残念ながらワルをはじめとする問題行動生徒の多くは言語力・表現力の乏しい者が多い。言葉で自分を表現したり、説明して相手を理解させたりすることが苦手なため、自分の思うことがうまく伝えられず、意図することがなかなかわかってもらえないと、ついイラついて手足が先に出てしまうのだろう。おそらく幼い頃からの境遇もあり、自己中心的・わがまま・情緒不安定などセルフコントロールが難しい要因を多く持つため、我慢の限界（沸点）が平均的な人間より低いのだと思う。

やはり重大な家庭環境

次は家庭環境・家庭生活に関する問題である。問題行動を起こす生徒の家庭はそうでない家庭より、親の収入が少なかったり不安定だったりして経済的に困窮している割合が高い。ましてや親が定職についていなかったり、アル中、ギャンブル好き、不適切な男女関係などであったりすれば、なおさら子供に悪影響を及ぼすことになるし、それらの悪い癖が遺伝してしまう恐れもある。

また不規則な食事や生活は、情緒不安定なキレやすい子供を作る一因になるとも言われるが、親がまともに食事を作れなかったり、日頃からしっかり子供の面倒をみたりできないような家庭環境であれば、そうなる危険は高いだろう。

学習環境についても劣悪なケースが多く、元々は能力があったとしても、小さい頃から勉強の習慣が身についていないから、結果として学力（学業成績）は低く留まってしまう。

このように学力・家庭（親）・社会的地位・経済力などで、どれも自慢できるものや勝るものがないとすれば、コンプレックスは相当強くなるはずだ。するとエネルギー（活力）を持った一部の生徒達は、際立った服装・髪型や、集団暴走・暴力といった反社会的・反体制的な行動で自分の存在感をアピールしようとする。得意というよりも何か人と違ったこと、普通の人間ができないことをして、自己満足的な優越感に浸ってしまうのであろうか。

家族関係からいえば、核家族化によっておじいちゃん・おばあちゃんの存在意義と世代間の伝承が断絶し、親の負担が増してしまった。皆さんもおわかりのように、大人だからといって親が皆立派なわけではない。子育ての仕方がわからない、生きていくのに精一杯など、核家族では不安要素を抱えていることが多い。

また、男女間や夫婦間の平等と親子関係とをごっちゃにしてしまったために、父親と母親の役割分担（片親なら父性と母性の使い分け）がどうもうまくいっていないのである。父性は厳格さ、規範意識、決断力、自立心などを伝え、母性は寛容さ、優しさ、思いやり、表現力などを伝えることでバランスの取れた一人前の人間に成長するはずである。しかし近年、父性（父親ではない）が急速に失われている。これが子供の規範意識の低下を招き、問題行動にも影響を与えているのではないかと思う。もちろん父親が必ず厳格でなければならないというわけではなく、まずは夫婦間でしっかり役割分担ができているかどうかである。極端に言えば母親が父性で、父親が母性で子供に接しても、バランスが取れているならよいが、片親の場合だと両方の性をうまく使い分けなければならないから、そういう意味では大変である。

つまり問題なのは両親ともに母性のタイプが増えていることであり、特に平等意識が親子間にも持ち込まれ、子供と友達感覚に接する家庭が増えたことが、父性の喪失を加速させているのではないだろうか。こうして父親の威厳や存在感がなくなり、子供が家庭で王様のように振る舞うことになっていく。

それにも増して夫婦間の仲が悪く、お互いに子供の前で配偶者の悪口を繰り返そうものなら、子供は愛情不足で情緒不安定となり、問題行動を起こしやすくなる。

友達関係の悪影響

友達関係から見ると、同類が集まり徒党を組みやすい傾向がある。特に暴走族や正統派(?)ワル集団ともなると上下関係がハッキリしていて組織の結束力が強く、一旦仲間に入ってしまうと抜け出すのは容易ではない。下っ端は実働部隊として金の工面をすることになり、パーティー券売買や引ったくり、恐喝、ゆすり、万引きといった犯罪行為にまで手を染めていく恐れがある。また少年グループが暴力団の配下に置かれてしまった場合には、シンナー・覚せい剤等の薬物売買やオレオレ詐欺に関わる危険性も増すだろう。

ワルグループは世の中のルールではなく、まず自分達の掟を優先し、集団の利益のために行動するので、その世界にドップリつかってしまえば、世間一般のマナー・規範意識が欠如し、反社会的行動をとることが当たり前になってしまう。このようなワル集団でなくても、問題行動生徒がつるめば楽な方へ流れがちで、遊び癖がつけばますます金が必要になり、不当な手段（恐喝、引ったくり、窃盗等）に訴えてもそれを得ようとする。残念ながら彼等は冷静な判断力に乏しく、後先考えずに行動する傾向があるので、大人（組織）の甘い言葉・勧誘にも乗りやすい。もし裏社会の大物から悪魔のささやきを受けたら、一気に悪に引き込まれてしまうかもしれないのだ。

私は生徒指導申し渡しの時、友達などと一緒に悪さをした生徒に対しては、よく次のような話をする。

「友達が悪いからとか人のせいにするな！　つるんだ時に悪い方へ流されてしまうような友達関係（付き合い方）がよくないのだから、お互いに責任がある。本当の親友とは相手によい顔をしたり合わせたりせずに、時には異なる意見を述べたり、勇気を出してやめさせたりして、お互いを高めあえる人物だ。もしそれで相手がお前を恨むようならそいつは親友ではない。即刻縁を切ったほうがよい」

数え切れないほど繰り返したフレーズだが、残念ながら私の忠告を守り、軌道修正できた生徒は一部に過ぎない。それでも何人かを立ち直らせるきっかけになったことも事実であり、効果がゼロでない以上我々教師は諦めずに粘り強く指導を繰り返すしかない。

学業・学校生活の難しさ

学業生活においても、前述のように日頃の劣悪な学習環境や学力（能力ではない）不足の問題から、勉強嫌いになり落ちこぼれる者が多い。すると将来（進路）の展望も開けないからますます勉強する気がおきず、教師から注意を受けることも多くなり、その分反抗的な態度をとる確率は高まるだろう。

学校環境も年々ひどくなっている。一言でいうなら、学校現場で教師が熱い想いと信念を持って子供を教育することが難しくなってしまったのである。戦後の民主教育は確かに自由権・社会権の確立、女性の地位向上など、一定の効果はあげた。しかし、一方で過度な個人主義や平等意識のあまり、子供の権利や自由ばかりが強調され、教育の本質が軽視され続けてきた。教師はそれ自体が決して偉いわけではないが、未完成な子供を「教え育む」のが役目なのだから、生徒とは立場が違うはずである。

ところが最近体罰はおろか、ちょっと厳しい指導をしただけでも、教育委員会等へ訴えられ人権問題として取り上げられることが多くなった。せっかく体を張って指導した熱血教師が、下手をすれば人生を棒に振ってしまうのである。こんな状況が続けば教師は臆病になり、自分の持ち場だけ割り切って働き、重い責任がかかる仕事はしないようになる。

また学校は市場原理を導入させられたため、保護者＝消費者が神様となり、できる限り要望に応えてサービスしなくてはならなくなった。確かに学校は保守的な要素が強いから、外部の要望に応える形で柔軟に学校教育を改善することは必要だと思う。しかし教育には不易な部分が大きく、じっくり腰を落ち着けて取り組まねばならない問題も多い。

それなのに公立小中学校までもが客引き競争のように優秀な子供を獲得することにエネルギーを注ぎ、広報活動に膨大な時間を割かざるを得なくなった。こうして人気や倍率を上げるための目先の学校改革に振り回され、子供を「どう一人前の人間（大人）に育てるか？」が後回しとなる。これでは問題行動傾向を持つ生徒や、社会性のない生徒を立ち直らせる地道な教育などできるはずもない。

地域、社会も大きく変化

地域社会のネットワークもほぼ崩壊している。昔は地域（町内）に怖いオヤジが必ずいて、子供たちが悪さをしようものならたちまち雷が落ちたものである。またどこの町でも縄張りを張る少年グループが幾つかあり、各集団には必ず年長のボスがいた。彼はグループ内で悪いことをする子供がいれば鉄拳を振るい、仲間同士がけんかをすれば仲裁に入り、弱い年少者がいじめられれば助太刀をしたものだった。このように子供達は小さい頃から時には叱られながら、地域の中で善悪やルール・マナーを教わり、それらを自然と身に付けていった。

しかし現代は怖いオヤジも面倒見のよいボスもほとんど見かけなくなってしまった。今、もし私達が町内でたばこを吸っている中高校生を発見したら、面と向かってきちんと注意できるだろうか？　残念ながらかなり見て見ぬフリをする人が多いのではないか。私は以前自転車に

乗って交差点で信号待ちをしていた時、自転車に二人乗りをした女子中学生が、近くを通りかかったことがあった。私が、

「おーい、君達、二人乗りはいけないよ」

と言ったら、謝るでもなく「誰？　どこのオッサン？」と言うようなけげんな顔をして立ち止まっただけだった。かつての鬼の生徒課長も、見知らぬこの中学生達にとっては、どこにもいるただのオッサンなのである。

さて最後に問題行動（生徒）を生む社会環境についてだが、この点は多くの著名人・評論家の方が様々な角度から指摘しているのであえて記述はしない。ただ冒頭でも述べたが、「誰が悪い」と言ったところで特定の犯人がいるわけではない。私は戦後数十年間をかけて熟成されてきた結果であると思う。つまり家庭、学校（教育）、地域、社会制度、政治など様々な要素が絡み合って問題行動やルール違反が発生しやすくなったのではないだろうか。また、マスコミの大きな負の影響力については説明済みだが、やはり間接的ながら生徒の問題行動を加速させる要因の一つだと思う。

このように今の子供達は、多くが家庭でも、学校でも、地域でも怖いもの無しの環境におかれつつあるのだが、これは彼らにとっても大変不幸なことである。なぜならば誰も諭してくれないから、無意識・無自覚のうちにセルフコントロールが効かなくなり、自己中心的な人間（大人）になってしまいがちだからである。

(2) 問題行動や事件の発生を防ぐには?

どんなにひどい教育困難校であっても、また問題児が多くても、学校は教育の場である。時には対症療法的であっても、教師達はまず問題を起こさせないための工夫や、事前指導を施さなくてはならない。そのためには常日頃から教師一人ひとりが常にアンテナを高くし、情報収集能力を高めておく必要がある。そして生徒のよからぬ情報や不穏な動き等をキャッチした場合に、漠然として個人が特定できないレベルならば、ホームルームや学年集会・全校集会で「注意・警告」することになる。

特に教育困難校では、ワルグループが教師集団による摘発を意識し警戒するように、生徒課長などが怒りの口調で大げさに厳しいペナルティーを伝える方法で警告することが多い。またさらに具体的に、警告を無視して違法行為を続けた場合には、名誉にかけて必ず捕まえることを明言して、教師側の諦めない固い決意を生徒に示すことも効果的である。

一方具体的な苦情や事件に関与している個人・グループが特定できそうな場合は、あくまでも狙いが再発防止であれば、そのメンバーに直接警告するのも一つの方法ではあるが、言い方には注意を要する。「お前らがやったんだろ?」という決めつけた言い方はせず、問題の緊急性・重大性を具体的に説明し、学校も動かざるを得ない状況(徹底的な調査や犯人逮捕等)を伝えるなど、あくまでも彼らが巻き込まれることを心配するスタンスで接するのである。こうすればある程度信用されていると感じるはずだから、裏切ったり常軌を逸するような行動はとりにくくなる。

その他、いかにも対症療法的だが、実際に腕章をつけたりしてわざと生徒の目に入るよう派手に調査・巡視活動を行うことも、問題発生の未然防止になると思う。また日頃から教師が保護者との情報交換を密にして信頼関係を築いておけば、お互いの誤解を防ぐと共に、非行やストレスの兆候をいち早く察知することもできるはずだ。

さらに問題行動を起こしてしまった後でも、教師団が叱り役、聞き役、なだめ役など上手に役割分担して生徒に真剣にアプローチし、心底反省させることができれば、再犯を防止できる確率は高まると思う。

一方、生徒をキレやすい状態にさせないことも、問題行動の防止につながる。前項で述べたように今の子供達は忍耐力や自制心があまり身に付いていないのだから、まず彼らの心の中に「耐性の免疫」を作らなければならない。それには家庭・学校・地域が協力・連携して、子供に善悪やルールをぶれなく教えこむ必要がある。だが、前項のように現代は父性が欠落し、家庭・地域でその役割を担うのが困難になっているから、まず学校が父性を前面に出し、真剣に生活指導を行っていくしかない。不規則な食事とキレやすさとの関係もすでに知られるところであり、家庭と学校との継続的な連携は欠かせない。

さて、全国的に家庭環境・学校環境・地域環境のすべてで、教育が崩壊しつつあるなか、日本の将来のために、今一度私達は《日本（人）の生涯教育》というものを考え直さなければいけない。そこで日本の伝統・文化・風習・制度・組織・環境などについて自問自答してみた。父親・母親・家族の役割とは？　家庭教育のテリトリーは？　教師（学校）の使命・役割とは？　子供の人権（自由と責任）とは？　戦後の民主教育（個性・平等重視等）とは？　地域のつながりや伝統とは？　市場原理（消費者中心主義）の教育への適合性は？　日本人の規範意識を支えていたものとは？　欧米人と日本人の相違点は？　……次々に頭に浮かんでくる。

確かにこれらの問の受け取り方や答えは、まさに人によって千差万別であり、明確な模範解答はなかなか導き出せないかもしれない。しかし今の教育崩壊の実態から、現状に問題があることだけは確かであろう。

(3) 私の性格や生き方を変えてくれたワル達

数え切れないワル・問題児との出会いは、私の考え方や生き方を変えた。

教育困難校に勤務するまで、失礼ながら私は彼らのような人種と出会ったことがほとんどなかった。しかし実際に彼らと間近で接し、頻繁に対峙・指導する中で、彼らの思考や行動パターンを理解できるようになると、彼らをより身近に、時には親しみさえ感じるようになり、自分の視野も大きく広がった。確かに彼らがしでかした不法行為は決して許されるものではないし、実際世の中にはごく一部だが更生の見込みが全くない冷酷無比の犯罪者がいることも事実である。しかし大半の生徒は多少なりとも自浄能力・更生力を備えおり、将来まっとうな道を歩める可能性はある。実際私の経験上、超教育困難校であっても、かなりの数のワル達が我々の指導に従ったし、少なくとも更生したいという気持ちは持っていたように思う。

彼らがなぜ時に反社会的な行動をとってしまうのかといえば、前述のように、おそらく荒れる要素となるコンプレックス（劣悪な家庭環境、極度に低い経済力・学力等）を、人よりも多く持っているからだろう。日本人は全般的に優しいので、まだ少年であるが故にかわいそうな感情を抱く人も少なくないが、危険を冒してまで彼らの中に飛び込む勇気はなかなか持てないのも事実である。

私はワルが問題を起こした時、初期段階で彼らを改心させるのは優しい慰めではなく、正面から悪事を見つめ責任を取らせるような、叱責や強制を伴う厳しい指導であることを経験から学んだ。つまり彼らの中に入り込んで「それはだめだ！」とはっきり言える人間がどうしても必要なのである。

さらに私はこうした超教育困難校勤務時代の指導実践を通して、逆に私自身が彼らから「人や社会に迷惑をかけない自立した生き方、平凡でも健康で愛情に満ちた生活」の大切さを教えてもらった。いくら高学歴・高収入で地位が高くても、こうした生き方や生活ができなければ人間として本当に幸せだとは言えないのではないか？　もちろんすべてが満たされることが一番良いに違いないが、現実はそう甘くはない。一〇のうち一つか二つでも長所や成功があればまずまずだと思う。

人間分相応の生き方というものがある。教育困難校の出身者は工場やサービス産業の現場で働く者が多いが、仮に世の中皆がエリートや資産家なってしまったら社会が成り立つはずはなく、肉体労働者も運転手も社会では不可欠な仕事である。私は人間の幸せの共通基盤は、「健康、安全、家族、愛情、自立」だと考えるが、具体的な幸せの形は人によって様々だと思う。ひょっとしたら自分が本当に幸せだったかどうかは、棺桶に入る時までわからないのではないだろうか。

私は事件などを通じ、数々の修羅場を潜り抜けたことで精神的に鍛えられ、今では絶対的な強者や勝者などなかなかいるものではないと思えるのだが、それは決して自分の強さを過信しているからではない。どんな窮地に陥っても対応できるような危機管理能力、暴力・脅しや汚職・不正などへの抵抗力が人並み以上に身に付いたため、権力に対しても簡単に屈するようなことはないと思えるからである。

また、私は大事件を起こすワル達が多い高校に勤務した後、不登校タイプの生徒が多い単位制・定時制の高校を経験したことで、さらに視野を広げることができた。正直なところ、転勤直後はカルチャーショックを受け、しばらくどうしてよいかわからなかった。問題行動の懲戒基準はまったく明文化されておらず、世の中の法律に照らして判断するだけで、生徒は金髪、ピアス、化粧等何でもありだったのだ。

新年度初日の入学オリエンテーション時、校内のテニスコートの片隅で堂々と喫煙していた女子生徒二人を早速指導したのだが、私が説諭をした後の彼女らの反省文には、後悔や謝罪の気持ちはほとんどなく、「教頭にお前と言われた……」と不満まで書いてあった。

その時、この学校には叱られ慣れていない生徒が多く、教員の生徒指導体制も築かれていないことがわかった。私はただ怖さ、厳しさだけでは解決できないことを身にしみて感じ、生徒のタイプによって対応を変えるように心がけた。確かに前任校の様なワルタイプも何割かいたが、多くは不登校や、病気・障害を抱えた生徒で、その原因・症状も様々であった。おかげで私は、廊下の柱に何十回と頭をぶつけている病的症状の男子生徒の横に寄り添って「どうしたの？」と、やさしく声をかけたり、分裂症気味の女子生徒が一方的に自分の話題をしゃべりまくるのを三〇分間ただ聞き続けたりして、無意識ながらカウンセリングマインドの基本を身につけることができたようだ。

このように、前任校時代の強面な自分からは想像できないことだが、一〇人いれば一〇通りの生徒指導法があることを学んだ。いずれにしても私はまた違うタイプの高校で、退学や休学により一、二年回り道をしても、生き生きと勉強している生徒の存在を知り、現在どこの普通高校でも、判で押したように有名大学合格を目指す進路指導のあり方や、学歴・大企業偏重の風潮についてもつくづく考えさせられた。

「人間は人との関わりや役割（役職）で変わることができる」――それは、現在仕事・学業や私生活などで、自信を失って苦しんでいる人達への、私の実体験に基づくアドバイスである。独身時代まともな生徒指導ができず、生徒にも先生方にも頼りない存在だった私が、教育困難校で「鬼の生徒課長」と言われるまでに変身したのである。ぜひ自分を信じて前向きにチャレンジしてほしい。ただ仕事に関わる部分は意識して変えやすいが、自分の生来の性格までは一気に変えにくいことも肝に銘じていただきたい。

(4) 教育再生に向けて

最近の日本の社会情勢から推測すると、凶悪事件こそ増えてはいないものの、規範意識の低下などにより少年少女の問題行動は今後も増加していくことが危惧される。一方警察を取り巻く環境は年々厳しさを増し、不祥事やミスは徹底的に追及されるため、取調べや捜査は当然慎重にならざるをえない。ましてや未成年ならば少年法や子供の権利条約等の壁があり、さらに難航するだろう。

警察で少年を簡単には自供させられないならば、学校が単独で事件を解決するのはなおさら難しいということである。事件が発生し目の前に被害生徒がいるのに、加害生徒を捕まえられない、あるいは捕まえても犯罪行為を立証できないような歯がゆい思いをするケースは益々増えていくだろう。

しかし、それでも我々は諦めるわけにいかないのは、被害生徒とその保護者を救済することが最優先であり、被害者が泣き寝入りをしたり、学校や一般生徒の安全が脅かされたりするのは本末転倒だからだ。また加害生徒にとっても、この少年期に犯した罪を認め反省することができなければ将来そのツケが回る。なぜなら捕まらないことで悪事に歯止めがかからなくなり、大人になって悪行が常習化したり、凶悪犯罪に手を染めたりする危険性が増すからだ。そうなった時には人生おしまいである。

最近少年の凶悪犯罪が起こるたびに、マスコミや評論家の方々を中心に「一体誰が悪いのか?」という責任追及の大合唱が起こり、国民もそれに踊らされて大騒ぎをしてしまうケースが多い（その割には何ヶ月か経つとさめて事件があったことすら忘れてしまう）。私は以前校内研修会において「生徒指導の要諦」というテーマで話をしたことがあったが、確かに現在の治安悪化やモラルの低下は、子供たちだけの問題ではなく、社会の中心である大人たちが、信念よりも金、社会・他人より自分、協調より個性、モラルより快楽を求める方向へ流れてきてしまったという、日本社会の構造的な問題であることも否定できない。

親たち大人たちが真っ当な生き方をしていなければ、どうして子供に正しい生き方を教えることができるだろうか？　しかも長い年月の間に、次のようなデススパイラルに陥っていると考えられ、問題は一層深刻化している。

ア．戦後民主主義教育、高度経済成長などによる日本社会の変化

イ．大人の拝金主義、過度な個人主義、規範意識の低下
↓
ウ．家庭・学校・地域社会の教育力の低下
↓
エ．子供の規範意識・モラルの低下、問題行動の増加
↓
オ．エの子供が大人になり、イを実行する。（以下イ→ウ→エ→オが繰りされる）
↓

こう考えると、どこか一カ所を直せば、つまり一部の人間に責任をとらせれば問題が解決するというものではない。だから悪いことをした子供を対症療法的に厳しく指導しただけでは根本的な解決にならず、なかなか効果も上がりにくい。しかし「どうせやっても無駄だ！」と諦めてしまえば子供も社会も益々悪くなっていく。

ではどうしたらよいのだろうか？

現状では特効薬は見つからないが、まず国民一人ひとりがモラル低下・治安悪化等の社会不安を人のせいにせず、それぞれの立場・テリトリーにおいて、地道に改善する努力を続けることだと思う。それでも日本をより早く再生するために優先順位をつけるとすれば、何から手を

つければよいのだろう。最初から社会に頼ろうとしても、肝心の大人の常識・モラル・責任感がなければ家庭教育も含めて糠に釘となる。そこで私は学校教育からテコ入れするのが有効だと思う。

先ほどのデススパイラルを逆手に取り、まず学校が幼児・児童教育を充実させ、人間の土台作りをしてから中学高校にバトンタッチしてさらなる高等教育につなげ、子供を立派な社会人に育てる。そして世の中に出た彼らが仕事などを通して社会や地域に貢献するとともに、結婚後子供を乳幼児期にしっかり家庭教育する。その子供達が先ほどと同様に充実した学校教育を受けて立派な社会人となり、以下同じことを繰り返していく。このような流れが二世代にわたって続けば、日本社会をかなりまで再生できると思うがいかがだろうか?

つまり、学校や教師受難の時代といわれる今こそ、子供を立派な一人前の人間に育てるために、教師が厳しくも一貫した教育を堂々と行える体制を構築しなければならないのである。そう言うと人権擁護派の方から一部批判が飛び出しそうだが、中学高校や大学卒業後世の中に出れば、自己責任の増加、厳しい上司や権力者の存在、様々な社会のルールや制約など、否が応でも社会の厳しさを直接肌で感じることになる。その圧力に耐えて乗り越える力がなければ、独り立ちして生きていくことはできない。だから子供の時から、人の教えを謙虚に聞いたり、困難や逆境から逃げずにそれを克服したり、仲間と切磋琢磨しながら協力したりして、自分自身を人間的に成長させる必要があるのだ。こうして思いやりのあるバイタリティに溢れた人間が増えれば、間違いなく日本社会はよい方向に向かう。

私の知る限り日本人は真面目で勤勉、温厚・誠実な民族であると思う。もう一度日本人の良さを思い出し、輝ける明るい日本の社会を再構築できればと思ってやまない。

あとがき

執筆中に妻から聞かされた言葉で、私はこれまでいかに運がよかったのか、あらためて思い知らされることとなった。

「あなたが教育困難校で大きな事件を解決するために飛び回っていた時、こじれて名指しで訴えられたり、失職したりしないかと正直はらはらしていたよ」

そんな妻の心配も知らないで私はがむしゃらに職務をこなしていたのである。確かに今回取り上げたような大事件をすべて無事解決できる保証・裏付けがあったわけではない（実際女子生徒への暴力事件のような失敗があった）。裁判敗訴にでもなっていればこの本を書くどころの話ではなかっただろう。それでも私が困難な事件に立ち向かえたのは、①管理職のバックアップや同僚の協力、②実践で鍛えられるなか研ぎ澄まされた勘やテクニック、③強い正義感が神様（?）を味方につけた運があったからではないかと思う。

二〇代で担任をしていた頃、私はクラス内の問題児すら扱いきれず、生徒の問題行動が続出した時、学年主任に助けてもらうようなまともに生徒指導ができない教師だった。その私が十数年後には大物ワルたちと出会い、その戦いを通して鍛えられ、県内一、二の超教育困難校の生徒課長を任されるまでになった。現在は生徒指導をはじめ、何事にも前向きに自信を持って取り組めるようになったが、四半世紀前の自分とは正に別人で何とも不思議な限りである。ただ強くなればいいというものではないが、「人は何かをきっかけに考え方や性格、人生までも変えられる」ということを、ぜひ多くの方に伝えたい。さらにワル達と出会ったおかげで自分の生き方、運命も冷静に見つめられるようになった。

人（上司）からの承認→出世というステップは、確かに働きがい・生きがいに繋がる大きな要素だと思う。しかし、私は教育問題の本質を垣間見たことで、「教師にとって出世は単なる結果であり、就いた地位で何ができるかが重要だ」と考えられるようになった。奇しくも高校教育界では能力・実績・登用から、自分の就ける最高位のポストはほぼ予測できたのだが、仮に可能な最高位につけたとしても、行政等のしがらみで私が思い描く教育改革は極めて難しく、世の中を変える力にまではなりえないと思えた。そこで私はこの稀有な体験・生き様を、活字などを利用して全国に情報発信することで、同じ日本再生への思いを抱く人々と協力し、少しでも社会を動かせる力につなげたいと考えたのである。

私はこれまで多くの偶然や運に恵まれ充実した人生を歩むことができた。微々たる力ではあるが、この先も諦めずに私なりの方法で社会貢献をしていきたいと思う。

最後になってしまったが、この本に登場する元ワル・元問題児達へ一言お詫びを述べておきたい。嫌な過去を思い出させてしまい本当に申し訳ないが、拙著を最後まで読めば、私の想いや目的がわかってもらえると思う。ぜひご容赦いただきたい。

また、この拙著を出版するにあたり、共栄書房の平田勝社長並びに編集部の佐藤恭介様には大変お世話になった。経験の浅い私が何とか出版までこぎつけられたのも、皆様方のおかげであり、この紙面を借りて改めて御礼を申し上げます。

和田　慎市

＊本書に関し、考えに賛同し、情報交換・協力等していただける方は、発行所・共栄書房を通してご連絡をいただければ幸いです。master@kyoeishobo.net

和田　慎市（わだしんいち）

1954年、静岡県生まれ。東北大学理学部卒業。現在公立高等学校教頭。1978年より社会科教師として進学校、職業校、新設校、教育困難校、定時制、単位制など、10校もの異なるタイプの公立高校に勤務し、多種多様な生徒達と接する。中でも教育困難校・定時制高校の勤務が長く、生徒指導の実践経験が豊富である。

実録・高校生事件ファイル

2012年6月20日　　初版第1刷発行

著者—— 和田慎市
発行者— 平田　勝
発行—— 共栄書房
〒101-0065　東京都千代田区西神田2-5-11 出版輸送ビル2F
電話　03-3234-6948
FAX　03-3239-8272
E-mail　master@kyoeishobo.net
URL　http://www.kyoeishobo.net
振替　00130-4-118277
装幀—— 黒瀬章夫
印刷・製本－ 株式会社シナノ

ISBN978-4-7634-1049-8 C0037